コミュニティ・スクールを持続可能にする地域コーディネーターのキックオフ

青木 一
前川浩一

子どもを育てるまちづくり

子どもから学ぶまちづくり

三恵社

コミュニティ・スクールを持続可能にする
地域コーディネーターのキックオフ
―子どもを育てるまちづくり・子どもから学ぶまちづくり―

プロローグ

ある中学校の公開授業研究会で、教員と中学生とのシンポジウムが行われました。約二〇〇名の参加者を、ターニングポイント*を使って会場を巻き込むラウンドテーブル型シンポジウムです。司会者がフロアの教員に向かって投げかけました。

「参観されている先生方、二〇四〇年、ここにいる中学生たちが社会の第一線に立つ頃、どのような社会が予測されますか。一つだけ選ぶとしたらどれですか」

司会者は四択の回答を準備していました。

①少子高齢化で財政破綻　②グローバル化
③ＩＴとロボットの時代　④バラ色の社会

ターニングポイントで瞬時にグラフ化された結果は、①四六％、②一七％、③三七％、④〇％でした。会場の空気感としては、まぁ妥当なところだという騒めきが起こりました。

ここで司会者がこの結果の感想を中学生に求めました。すると中学生は壇上からフロアに向かって本気で怒りを露にして次のように述べたのです。

「先生方、そんな風に思わないでください。私たちは未来に夢があると思うから

*オーディエンス・レスポンス・システム（Turning Point）を使いデュアルタイムで集計

こそ、今、楽しみたいことを我慢して勉強しているんです。バラ色の社会になってくれないと困ります！」

会場はシーンと静まり返ってしまいました。慌てた司会者は苦し紛れにその場を取りなしました。

「そうですよね。明るい未来があると思うからこそ、人は今の楽しみを多少我慢してでも未来の自分に投資しようと、つまり勉強を頑張れる。バラ色になってもらわないと頑張れないですよね。だからこそ、私たち大人は、この子たちが送る社会をバラ色にしようと努力する責務があると思うのですね。」

かくしてシンポジウムは本来進むべき方向性の舵を大きく切り、どうしたらバラ色になるか、そもそもバラ色の社会とはどのような社会なのか、会場全体で白熱したシンポジウムとなり、結果としてキャリア教育が深化・精緻化していったのです。

改めて、次世代を生きる子どもに対し、夢・希望・未来をキーワードに、バラ色の社会づくりに〝大人が本気で汗をかかなければならない〟と会場に居合わせた人たちは誰しもが思ったに違いなく、また、あらためて社会が子どもたちの育成のために、何を担い、どのような手立てを講じていけばよいのか共通の課題を感じたに違いありません。

本書はこうした思いを念頭に、その有効な手立てとして、地域とともにある学校づくりを目指したコミュニティ・スクールに着目しました。実際、全国各地域を丁寧に見つめていくと、コミュニティ・スクールを通して子どもたちの育成に精励している人々が多々存在しています。ひとえに汗のにおいのする地道な活動によって、驚くほどの成果をあげています。そしてそこには共通の要因がみられます。それは、「地域コーディネーター」という学校と地域をつなぐキーパーソンが存在していることです。

そこで本書は、長野県大町市美麻地区で長年活動されているもう一人の編著者である前川浩一氏の「地域コーディネーター」としての実践を述べてもらい、全国のコミュニティ・スクール立ち上げに尽力しようとしている仲間たちへ、考え方・進め方など具体的な手立てを整理・分析し、キックオフしていこうと考えまとめたものです。

本書は五章立てとなっています。

第一章「地域が本気で子どもを育てる」では、将来の社会や子どもたちが置かれている立場を踏まえ、地域と学校のこれからの関係や教職員の在り方を考えていきます。

第二章「地域と学校が手を組む」は、コミュニティ・スクールの存在とその意義に触れ、地域コーディネーターの重要な役割を述べていきます。

第三章「コミュニティ・スクールに注目しよう」では、具体的なコミュニティ・スクールの運営方法を、美麻小中学校の事例を参考に説明していきます。

第四章「地域コーディネーター六つのTion」は前川氏にコーディネーター・ナビゲーションをしてもらい、美麻小中学校を舞台に、具体的な地域コーディネーターの姿勢・役割・留意点などファシリテーション・コミュニケーション・ロケーション・アクション・インフォメーション・リフレクションの順に語ってもらいます。この章ではＱＲコードを使って、YouTubeにアクセスし、ボランティア研修の様子を動画で説明していきます。

第五章「コミュニティ・スクール広く・深く」では、世界や全国のコミュニティ・スクール事情に広げ、参考になる情報やエピソードを紹介していきます。

本書が、子どもたちの生きていく新たな時代に関し、輝かしい未来の創造に向かって、〝大人が本気で汗をかく〟ための契機となれば、望外の喜びです。

青木　一

目次

第一章

地域が本気で子どもを育てる

1．地域が消滅する？

次世代を担う子どもたちの心を漠然と不安にする話題は豊富です。

日本創生会議・人口減少問題研究部会の調査では、二〇四〇年には少子化と人口流出により、若年女性人口が半分以下になる自治体（消滅可能性都市＊）が八九六市町村と試算されています。このままでは消滅可能性都市の可能性が高まるばかりで、産業構造そのものが崩れていくことにつながります。

日本の人口の社会移動は、最終的に東京ばかりに集まるという「極点社会」傾向が加速し、体力を失いつつ疲弊が広がり続ける地方とのコントラストが鮮明になってきているのです。

「少子化の進行のみならず、高齢者も減っていく。その結果、日本のまちが、地方の小さな自治体から順繰りに消えていく」と藻谷浩介氏（二〇一五）は警鐘を鳴らしています。

「誰かが何とかしてくれる」

＊消滅可能性都市とは，少子化の進行に伴う人口減少によって，存続が困難になると予測されている自治体のことを指す。二〇四〇年時点に二〇～三九歳の女性人口が半減する自治体を「消滅可能性都市」と見なしている。同時点までに人口一万人を切る五二三の自治体は，とりわけ消滅の危険性が高いという。

増田寛也（二〇一五）「地方消滅」．中公新書

もはやこのような楽観論は通用しなくなり、誰もが未来に向かってアクションを起こすことが求められている時代となってきているのです。

2. 四つの扉

「極点社会」に関連し、増田寛也氏（二〇一五）は、地方から大都市に流出する「人の流れ」には大きく四つの扉があると述べています。一つは大学や専門学校を選ぶときに決断するいわば「一八歳の決断」です。そして次に来るのが最初にどこで仕事をするかという「二二歳の決断」です。その次は転職・再出発を考える「四〇歳代頃の決断」、そして「定年の決断」です。もちろん地元に雇用があるなどという環境や条件が関係してきますが、そもそも地元に対する故郷愛がなければ、地元に戻ろうなどという発想は生じません。つまり、その人にとって故郷を愛しているかという気持ちや、戻りたいと思う魅力ある地元かどうか、にかかっています。したがって、子どもたちが自分たちの住んでいる土地に愛着を感じ、誇りを持ち、大好きになることがとても重要です。しかし、無いものねだりではありませんが、子どもたちは自分の住む地元の欠点ばかりが目に入り、隣の芝生が美しく見え、外に興味関心が高まります。

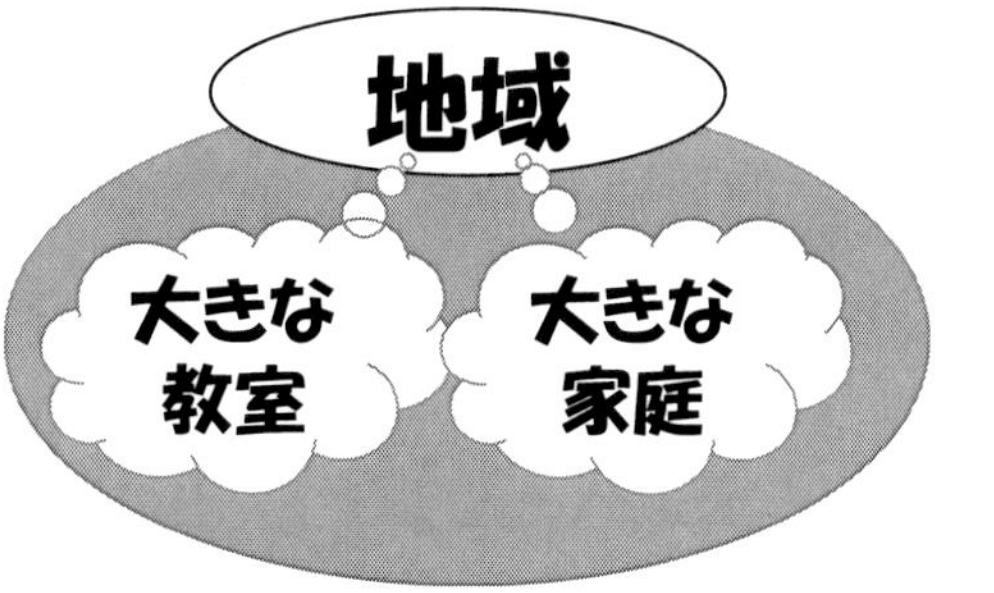

「一旦外へ出たけれど、外から見た故郷の芝生はとてもきれいだった」

このような心が地域を再び活性化させ、持続可能な元気をもたらすのです。

3．地域が大きな家庭となり、大きな教室となる

「自分の生まれたところが好きだ」という故郷愛を最も醸成できる時期が小・中学校時代の学齢期にあたります。

しかし、故郷愛を育むことは学校教育だけでは賄いきれません。また、学校だけの役割でもありません。そもそも学校は「平和的な国家及び社会の形成者」（教育基本法第一条）を目指すべく目的のため学修を第一にしているところですし、先生全員が地元出身でもなく、数年すれば異動となるのです。元大阪市立大空小学校長の木村泰子先生（二〇一八）は「地域住民は地域の学校の『土』です。校長や教職員は『風』の存在です」と述べ、校長が変われば学校が変わると言われるのは「土」の学校をつくっているのではなく、「風」の学校をつくっているとして、「風」は「風」の分をわきまえることが大事であると述べています。

地元を愛する子どもを育てることは、むしろ地域力にかかっていると言えます。すなわち、「地域が本気で地域の子どもを育てる」という意識を持ち、地域が大きな家庭として、大きな教室としての機能を持つことが重要なのです。

質問番号	質問内容	結果（%）
小19問	5年生まで〔1，2年生のとき〕に受けた授業や課外活動で地域のことを調べたり，中19地域の人と関わったりする機会があったと思いますか	小：63.9
中19問		中：59.6
小21問	地域や社会で起こっている問題や出来事に関心がありますか	小：63.9
中21問		中：59.6
小22問	地域や社会をよくするために何をすべきかを考えることがありますか	小：49.9
中22問		中：38.8
小23問	地域社会などでボランティア活動に参加したことがありますか	小：36.0
中23問		中：51.5

表1　全国学力状況調査質問紙調査小中版（2018）

4．地域や社会に貢献したい気持ちをもつ子どもたち

子どもたちは地域をどのように見ているのでしょうか。

毎年四月、全国の中学校三年生と小学校六年生全員に、国語や数学（算数）などの教科を対象とした全国学力状況調査という一斉テストがあります。その最後に、成績とは別に、子どもたちの生活意識や交友関係を調査する「質問紙調査」というものがあります。その中の六問ほどが「地域に関する興味・関心」を問う調査になっています。全国平均なので各都道府県では多少の差異が見られますが、表1に示すように、概ね子どもからみた地域への興味・関心は高いと言えます。中でも、質問項目小中学校21問「地域や社会で起こっている問題や出来事に関心がありますか」で、六三，九の％小学生、五九，六％の中学生が「当てはまる・どちらかといえば当てはまる」と回答したことは注目すべきことです。子どもは地域との関わりを大事にし、かつ地域や社会に貢献したい気持ちを持っているといっても過言ではないでしょう。

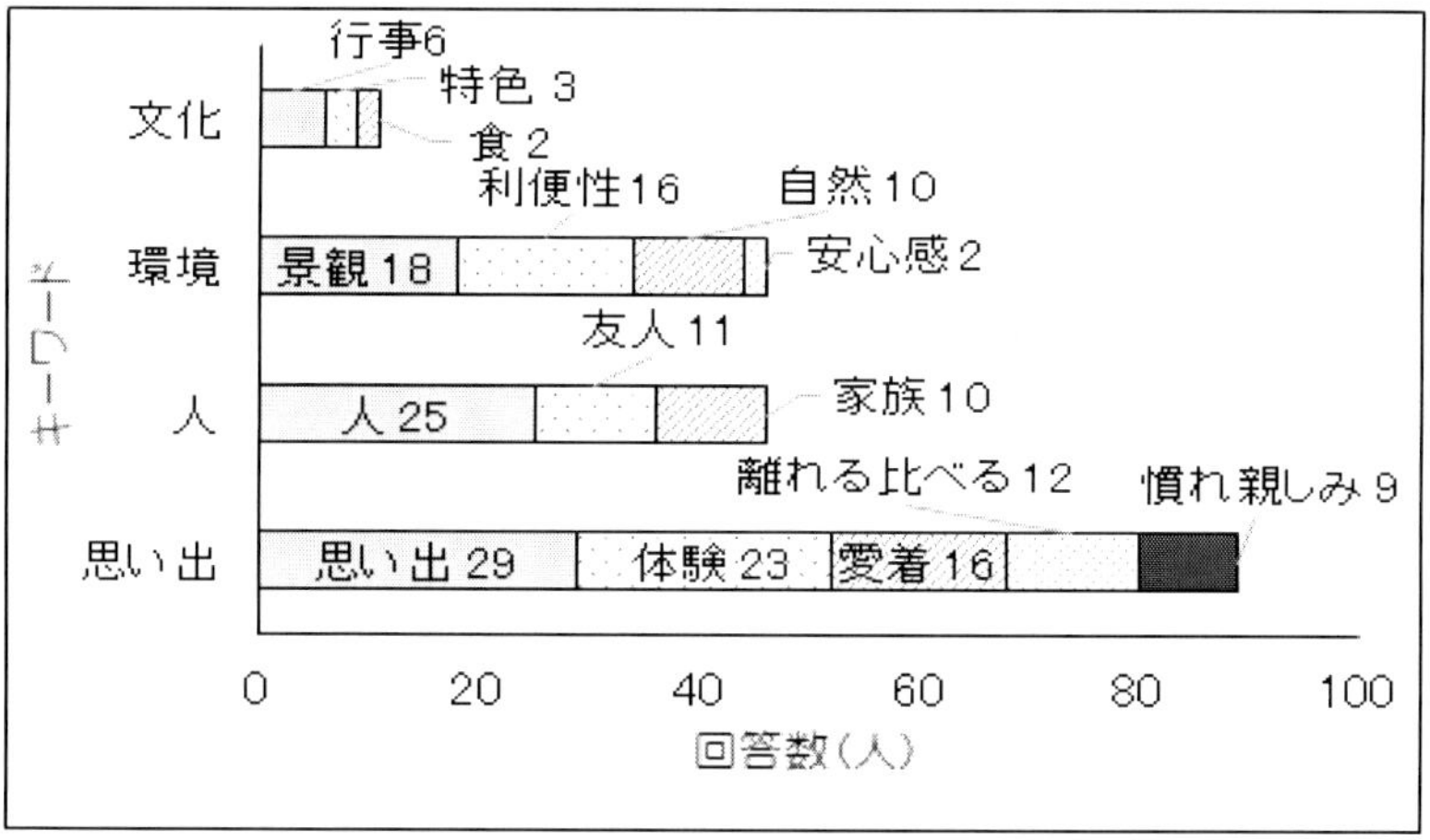

図１「故郷が好きな理由」に関する回答（複数回答）
(2018 年 6 月 20 日　信州大学教育学部 2 年生　N=97)

5.「故郷が好き」が九七%

ここに興味深いデータがあります。信州大学教職大学院生の勝山優子先生（飯山市立常盤小学校教諭）がまとめた調査です（図1）。

子どもと教師の境目ともいえる大学生は、自分の故郷をどう思っているのでしょうか。信州大学教育学部二年生九七名にアンケートを取ってみました。

「故郷は好きですか」というアンケートに「好き」と回答した学生が、九七%にものぼりました。ほとんどの学生が故郷に肯定的な感情を抱いているようです。では、「好きな理由は何か」についてアンケートを取ってみました。大きく分類すると、故郷の「環境・人・文化・思い出」の四つが理由として挙げられました。故郷の「環境」では、自然環境や交通・施設等の利便性という回答があり、都市部や農村部など出身地によって「環境」の概念が違うことも分かりました。友人や家族、またはそれらを含めた地域の「人」

という回答が多く、学童期を含め子どもの時にどれだけ身近な人とよりよい関係を築けたかどうかが重要であると考えられます。故郷の「文化」では、食や行事といった回答が多く、幼い頃から慣れ親しんだ味や音など、五感で触れたものが故郷を好意的にとらえる要因になりうることも見えてきました。

故郷の「思い出」は、前述の「環境・人・文化」を含む故郷でのよい思い出をどれだけ作ったかということなのだと思います。また、学生に「故郷を好きになる要因は何か」を聞いてみたところ、ほとんどが「故郷を好きな理由」と同じ内容でしたが、興味深い回答として「離れる・比べる」がありました。実際に離れてみて、故郷のよさを再確認したのでしょう。

このように、大学生にとって故郷を好きになるには、子どもの時に故郷の「もの・ひと・こと」にめいっぱい触れ、時には離れてみる(比べてみる)ことで、故郷に愛着がわいたり誇りをもったりして「故郷が好き」という心情が育まれるのだということが見えてきました。

6. エロスと主観的幸福感に溢れたまちづくり

　では、大人はどうでしょう。当然、子どもを育てる諸活動には負担が伴います。自分の子どもならいざ知らず、他人の子どもの面倒を見ることになるわけですから、大変です。いくら二〇年後三〇年後の社会がバラ色どころか灰色の未来が予想でき、中山間地の市町村がやがて消滅するかも知れないと不安をベースにしても、「だから〇〇しなくちゃいけない」的な発想は、よりよい生活を導き出すための持続可能なエネルギー源にはならないのです。

　苫野一徳氏（二〇一七）は哲学的な立場から「人は総体的にみて、恐怖や不安よりもエロス（喜び、楽しさ、ワクワク感）で動く」と述べています。苫野氏が述べるように、不確実な未来や漠然とした不安だけでは、「子どものためにやってやろう」という強い動機にはならないのです。それに対して、地域の子育てにかかわる活動をエロスととらえれば、親が子を愛しむことと同じように自分にとっても大きな喜びとなるのです。教育に参画する機会があるということは、自分にとって生きがいに通じるものになるのです。地域が大きな家庭となり、大きな教室となるというのは、自分にとってのエロスが高まり、エネルギー源となるのです。

また、露口健司氏（二〇一七）はソーシャル・キャピタルと主観的幸福感の視座から人生を豊かにし、人生の目的に満足すること、人生の意義と使命を見出していることが重要だと述べています。すなわち、地域の子どもの育成に支援・協力したり、学校活動に参加したりする社会貢献は、自分の主観的幸福感が高まるということなのです。

第二章

地域と学校が手を組む

1．コミュニティの意味

一般的に地域や地域に住む人々の総体をコミュニティと呼んでいます。しかし、かなり多様な意味に用いられています。本来、コミュニティとは何を意味するのでしょうか。

もともとコミュニティ（community）は、ラテン語の communis に由来したものです。石山脩平氏（一九四九）は「com は〝ともに〟を表し、munus は〝奉仕する〟ことを表している」と述べています。

このことからコミュニティには、「地域社会」という意味合いだけでなく、「共同体」という概念があることがわかります。すなわち、青木一氏（二〇〇〇）が述べるように人間がそこで共同生活を営む「一定の地域」ということと、そこに暮らす人々の「共同体的感情」の二つの意味を持ちます。前者は空間的な「場」を表します。後者の「共同体的感情」を具体的に挙げると、共通の意識や価値観、生活態度、生活感情、行動規範、言語、仲間意識、生活様式等々と言えます。

つまり、コミュニティとは地域性と共同性が密接に結びついて形成されています。

昨今、「コミュニティに変化が起こっている」と言われています。それは「新しいコミュニティの台頭」と「既存コミュニティの衰退」です。「新しいコミュニティ」はTwitterやFacebookなど、SNSによる顔の見えない人々の知見を結び付けるプラットフォームです。今や社会を動かす大きな力を持ち始めています。それに対して「既存コミュニティ」は、地域の中の共同体的感情である人々を指し、その関係性が希薄になってきているということです。具体的には社会への貢献度、例えば町内会の地域活動、交通安全見守り隊など、全国的に見てあまり盛んとは言えません。前掲十六頁の質問紙調査小中学校第23問「地域社会などでボランティア活動に参加したことがありますか」の質問に対し、36％の小学生しか「参加したことがある」と回答しなかったことからも推察できます。

子ども側から見ても地域の清掃活動や祭りの手伝いなど「既存コミュニティ」の参加状況が希薄になってきていることがわかります。

2．地域と学校がWINWIN

「既存コミュニティ」の希薄化が叫ばれている中、学校と地域の協働が重要視されるようになったのは昨今のことではありません。実際、地域と学校がうまくやっているという話を聞きます。地域の人々が時々来校し、授業の中で自分の得意な技能や経験を子どもたちに伝授するといった形式で、学校に貢献してくれます。しかし、本当に双方が同じベクトルを向いているかというと、そうとも限らないことがあるようです。例えば、首都圏のある小学校の教頭先生は、やればやるほどギクシャクしてくると言っています。地域の人々に花壇整備の手伝いをしてもらったお返しに、祭りの準備に教職員が出動します。土日を返上して駆り出される先生方の不平不満がたまってきているというのです。地域と学校の労力の貸し借り。これでは不満や負担感が溜まってしまいます。Give&Takeでは関係が長続きしません。お願いされなければ動かないでしょうし、御礼がなければいやになってしまうからです。

学校は学校の目標があり、同様に地域は地域の目標があります。目指す目標が異なっているから支援の方向性もバラバラになるので、自分たちのためになっている感が薄らぐのです。だからこそ、一度それぞれの思惑を壊し、地域も学校も共通の目標を共同で立てて、それに邁進していく。それが地域も学校も他のための支援から自分たちのための協働となるのです。

○校長が作成する学校運営の基本方針を承認する
○学校運営について、教育委員会又は校長に意見を述べることができる
○教職員の任用に関して、教育委員会規則に定める事項について、教育委員会に意見を述べることができる

表２　コミュニティ・スクールの主な三つの機能
（文部科学省 2017）

地域と学校、それぞれのメリットを両立させるWINWINな関係が望まれます。

３．コミュニティ・スクールとは

「WINWINな関係が築けるような地域と学校」、そこを目指してコミュニティ・スクールが発足しました。では、コミュニティ・スクールとはどのようなものなのか、文部科学省が作成したパンフレットを基に整理したいと思います。

コミュニティ・スクールとは「学校運営協議会制度」を導入した学校のことを指します。学校と地域住民等が力を合わせて学校の運営に取り組むことが可能となる「地域とともにある学校」への転換を図るための取組です。「地方教育行政の組織及び運営に関する法律」（以下、「地教行法」と略す）という長い法律名の「第四七条の六」が根拠となっています。この法律には学校運営協議会に主な三つの機能があると述べています（表２）。

これを見てびっくりする人もいるかもしれません。

「校長先生が考えた経営方針を承認したり意見を述べたりすることができるの？」

「学校の先生の人事異動に意見を述べることができるの？」

学校運営協議会は、これだけの具体的な権限を有するのです。

- 臨採だった講師が本採となったので、そのまま本校にて、勤務させてほしい
- 部活存続のための顧問の配置
- （学力向上のため）加配教員を希望する
- 男性職員を増やしてほしい
- 生徒指導困難校としての人的資源の拡充　　等々

表３　任用意見の内容
「コミュニティ・スクール」佐藤晴雄（エイデル研究所 2016）p182-183 より引用

前節で述べたように、これまでも地域と学校がうまく連携しているところは多くありました。それなのに、さらにこのような機能を持たせたということは、学校運営について地域住民や保護者が先生とともに「当事者」としての意識を分かち合い、共に子どもを育てる体制が重要だからということに他ならないのです。

4. 本当に機能できるの？

それにしても前頁の三つは本当に機能するものなのでしょうか。

佐藤春夫氏（二〇一六）が行ったコミュニティ・スクールの全国調査に興味深い結果があります。まず、校長先生が打ち出した基本方針を「承認」するという事案について、二〇一五年の調査によると、校長先生の方針が「承認」されなかった事例は一校もありませんでした。しかし、「意見付きで承認され、その後、修正した方針を確定」が八五校（五・六％）、「修正意見が付いたが、その後承認」が十四校（〇・九％）とあります。意見が付いた場合は、新たなアイデアが提示されたり、文章表現が修正されたりし、むしろ良い方向に改善されたと報告されています。学校運営に関する意見について、教育委員会に対する意見はとても少なく、「施設・設備に関すること」が四・

八％程度です。多くは校長先生に対して意見申し出がなされ、「地域人材の活用」（七二・〇％）、「生徒指導」（六五・四％、「施設・設備」（五四・三％）と続きます。地域が学校に対する要望として意見を述べるいい機会として位置づいています。では教職員の任用についてはどうでしょう。人事に対して意見を述べるという様相はどのような実態になっているのでしょうか。本調査の結果、教職員の任用に関して意見申し出を行った割合は九九校（六・六％）でした。では、具体的にどのような意見が出たか、表3に一部紹介します。多岐に富んでいることがわかります。

5. 今後のコミュニティ・スクール

二〇一七年三月、地教行法の一部改正に伴い、コミュニティ・スクールの設置が「努力義務」となりました。これは全ての公立学校において、学校運営協議会制度を導入した学校を目指すべき、今後一層拡大・拡充し、積極的な姿勢で取り組むことを提言しています（図2）。また、複数校で一つの協議会を設置することが可能となり、中学校区でひとまとまりの運営協議会をつくるところもみられるようになりました。

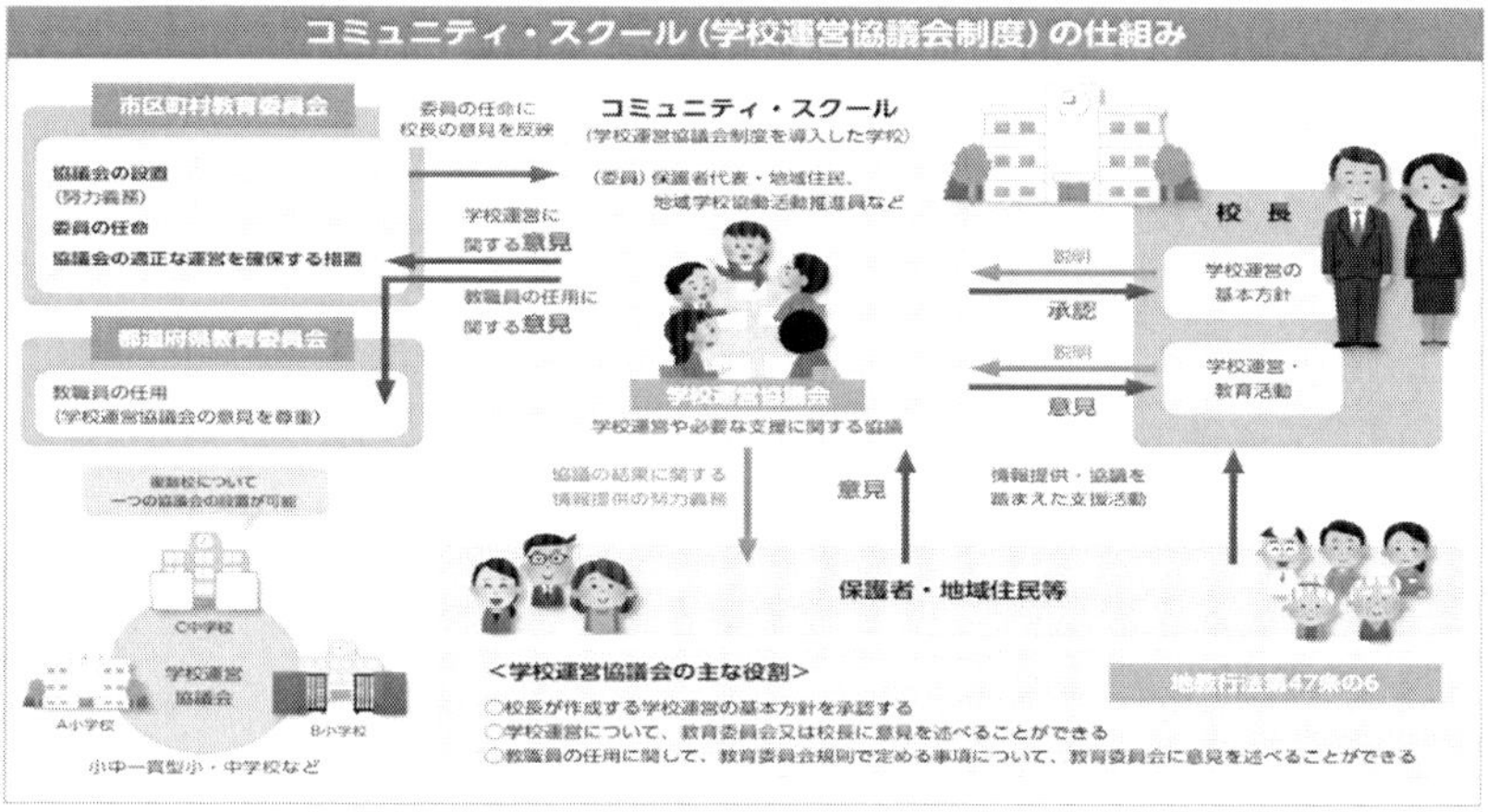

図２　コミュニティ・スクールの仕組み（文部科学省パンフレット2017）

文部科学省で行われた「地域とともにある学校づくり推進フォーラム」（二〇一八）において、熊本地震で被害にあった益城中央小学校の岩下校長先生は避難所で運営協議会が前面に立って子どもを守ったエピソードを紹介してくれました。

「校長先生、体育館に避難された方々の運営は我々でどうにかするから、先生方は子どもたちのためにしっかり準備して学校を再開してやってほしい」

このように述べてくれたそうです。文部科学省の担当の方は「学校運営協議会が力を発揮して学校を支えることが最大の力の発揮どころである。運営協議会で多くの意見を取り入れ、組織の中で学校は、まちづくりの中核、子育ての中心として、地域と共にある学校をつくる。そのためには育てたい子どもの像、目指す教育のビジョンを考え、地域総がかりで一丸となって、その目標に向かって協働していく。ただただボランティアとして労力を提供し貢献する学校支援にとどまっているのではいけない。持続可能か、学校議題にも対応できているか、目標を共有できているか等、まさにパートナーとして、どちらが上でどちらが下ではなく、それぞれ魅力を高めていけるように地域総がかりで担っていかなけれ

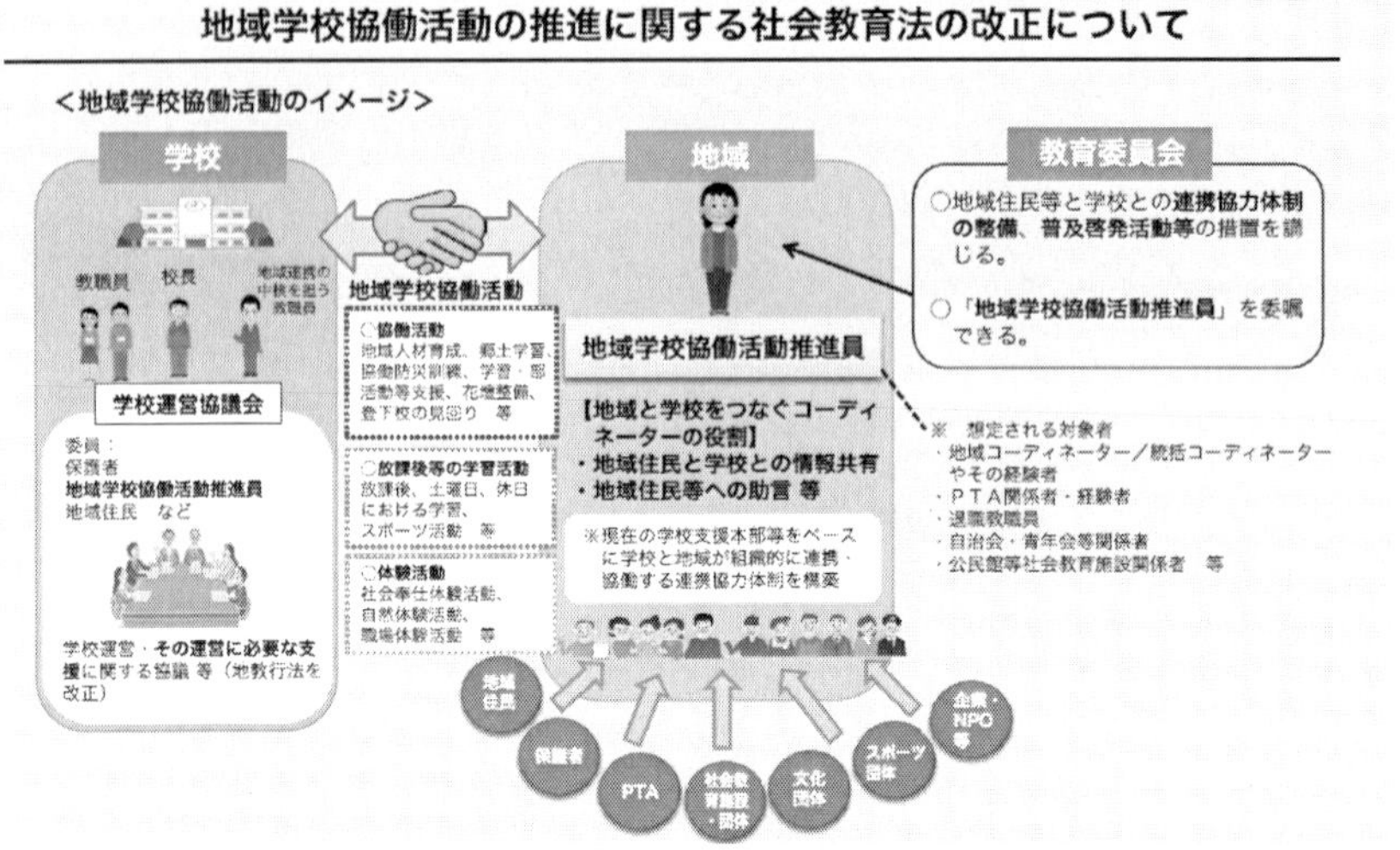

図３　地域学校協働活動のイメージ

（文科科学省地域学校協働活動ハンドブック 2017）

ばならない。」と述べています（大分会場二〇一七）。

行政による十分な教育投資や公共サービスが期待できない昨今、地域のもつ力や教育資源に期待し、地域の子育てにかかわる諸活動を地域の自律的な組織が担っていく必要があるのです。

なお、二〇一七年文部科学省は「次世代の地域・学校創生プラン」のなかで、これまでの地域による学校支援活動から、双方向的な地域協働活動という学校と地域の関係作りを求めるという方向性を示しました。そのために地域に地域学校協働活動推進員を置くとしています。前述したように先進的な地域では一方的な学校支援ではなく、地域と学校がWINWINの双方向的な関係を構築してきたところがみられます。これからますます「支援から協働へ」と一歩進んだ視点が重要になってきます。今後、地域学校協働活動推進員の位置づけに注目することが重要です（図３）。

6.　地域コーディネーターの出番です

しかし、学校側からしてみれば、地域力を頼りにしたいが、その調整のための余力がない、といったところが現状です。つまり、地域の方々に参画してもらうための段取りや打ち合わせのために、結構時間がかかってしまい、地域力を頼りにしようとすると学校の負担増になるという矛盾が生じてしまうのです。前出の文科省担当は「打ち合わせ等の事務的業務について負担は避けられない。が、しかし、（コミュニティ・スクールを運用することによって）生徒指導・苦情は減る。したがって、総体的に多忙化は減る」（同フォーラム）と述べています。

これらの課題をうまく克服しているコミュニティ・スクールが全国にいくつかあります。その謎を紐解いていくと、「地域コーディネーター」の存在に行き当たります。「コーディネーター」とは人と人、人と情報、人と資源を適切に結び付け、調整を行う人のことを言います。WINWIN な関係が築けるような地域と学校にはどうやら地域コーディネーターがキーパーソンになっているようです。

そこで、次章から、コミュニティ・スクールを立ち上げる留意点について、重要な視点を挙げていきましょう。

第三章

コミュニティ・スクールに注目しよう

1．コミュニティ・スクールの立ち上げと運営

第二章「今後のコミュニティ・スクール」でも述べたように、コミュニティ・スクールの設置が「努力義務」となった現在、全国の学校がコミュニティ・スクール化していくことが必然と考えられます。では、どのようにしてコミュニティ・スクールを立ち上げ、運営していけばよいのでしょうか。まず立ち上げのきっかけとなるのは次の三点です。一つ目は市町村の教育委員会が導入を主導し、運営案を地域に提示して学校や地域がそれに応じるという「行政主導型」です。二つ目は校長先生を中心に組織などを検討して導入し、運営案を提示する「学校主導型」です。三つ目は地域と学校が協働で推進する「地域学校協働型」です。

まず行政主導型ですが、きっかけとしてはこの型が全国最も多く見られます。立ち上げ当初、教育委員会から予算や人事が配慮される場合もあり、市町村全域で足並みをそろえたコミュニティ・スクールとして進められます。学校の相談にも教育委員会担当者が積極的に応じてくれます。しかし、行政指導型はあくまで立ち上げ

時の推進力になるだけで、コミュニティ・スクールを持続可能にしていくためには、やはり学校の運営努力が重要となります。また、立ち上げ当初は、上からの押し付けのような「やらされ感」が否めず、教職員のコンセンサスを得るまでに時間がかかることもあります。推進のポイントは行政側と教職員・地域住民の間で熟慮と議論（以下、熟議）を大切にしながら合意形成を図っていくことです。

次に学校主導型ですが、先生方の合意のもとで立ち上がったものなので、教職員も協力的かつ積極的に進められます。ただ、校長先生や中心的な先生が異動してしまうと取組の空気感が変わるという事例も見られます。また学校主体の視点によるコミュニティ・スクール運営という傾向がみられ、役職による委員の当て職が多くなり、活発な運営協議会にならない場合があります。推進のポイントは、地域住民との熟議を大切にしながら理解を進め、地域の視点を大切にし、学校運営への意見を傾聴する姿勢が大切です。

地域学校協働型は、地域の意思が反映されやすく、行政の担当や教職員の異動に関係なく継続的に運営できるというメリットがあります。また、地元を知っているだけに、より有効な地域の人材を活用しやすいという面があります。ただし、地域で主体的な自治活動を行い、リーダーシップを発揮できるキーパーソンの存在が不可欠になります。したがって、この型は全国的に見渡してもなかなか稀有な存在です。

写真１　玄関前の植栽事業、みんなが集う「合校の森」の完成式典に関わったボランティア・先生・保護者・子どもたち

長野県大町市立美麻小中学校のコミュニティ・スクールは、三つ目の「地域学校協働型」に当たります。住民自治組織である「美麻地域づくり会議」による地域活性化事業の中で、地域の伝統文化継承事業を子どもたちと一緒に行いたいと学校に提案し、学社融合事業として総合的な学習の時間（以下、「総合学習」）の中で始めました。その後、校長先生から地域学習における人的・財政的支援を相談され、平成二三年より本格的に学社融合事業をスタートさせました。さらに、地域づくり会議の役員が、平成二五年山口県で開催された「人づくり・地域づくりフォーラム」で学社融合事業の事例発表を行った際、他県のコミュニティ・スクールの事例の発表と出会い、そこでコミュニティ・スクールの可能性を知りました。総合学習の支援で学社融合事業を行う中で、当時の校長先生と美麻地域づくり会議の役員の思いが一致して、「コミュニティ・スクールを導入しよう」という目標が決まりました。

　地域学校協働型のコミュニティ・スクールは、異動がある行政職員や教職員に対して、地域の住民が継続的に学校を支え続けることができるというメリットがあります。地域住民の思いが基盤にあるコミュニティ・スクールは、地域や子どもたちを思う理念を持った運営協議会が作られ、そこで協議され生まれてくる地域学校協働活動も充実したものになります。

コラム 1

魔法の学校

長野県大町市教育委員会学校教育課指導主事　塩原雅由

長野県の大町市内で唯一子どもの数が増えている学校、それが美麻小中学校です。諸事情により活動をストップさせがちな子どもたちが、この学校で生活すると輝きを取り戻し元気になります。美麻小中学校は子どもにとって「魔法の学校」なのです。

美麻小中学校は「よりよく生きるために学ぶ」という、学ぶことの必要性を実感させてくれる学校、つまり学習社会としての学校になっています。美麻の先生方は、学校の基本理念「個の生き方や考え方を尊重する学校づくり」に基づき、子ども一人一人の優れている部分をその子どもの全体としてとらえます。先生方のこのような姿勢は子どもたちの学習意欲を高め学びの世界へと誘います。美麻の子どもたちは、授業において、互いの存在を認め合う中で対話を楽しんでいます。そこには、「わからないことをわからないと言う」「友達の呟きに耳を傾ける」「納得するまで追究し続ける」といった姿があります。美麻の子どもにとって、授業が安心して自分を表出できる場なのです。子どもが真摯に学ぶ姿は、先生方や地域の生涯学習の実践者の心に灯をつけます。そして、子どもにとって学びがいのある授業にするための協働活動を促します。学習社会としての学校は、子どもばかりでなく大人も学校づくりの主人公にしていくのです。

現在の美麻小中学校は、小中一貫教育や学校運営協議会制度、小規模特認校制度を活用した学校づくりが好循環を生み出し、その結果実現した学校の姿といってよいでしょう。小中一貫教育の実践に向け学校運営協議会が設置されます。コーディネーターを中心にパートナー会議が組織され、地域住民による学校支援が検討されます。義務教育学校として開校します。このようなプロセスを経て、子どもも大人も学び続ける学校ができあがりました。学習社会が構築されつつある学校は、大人にとっても「魔法の学校」なのです。

美麻小中学校を見てきて思うことは、「学校を学習社会にしたい」という学校の強い願いが四人の校長によって引き継がれ、それが地域を動かし、コーディネーターをはじめとする学校づくりの主人公たちを束ねているということです。その意味において、コミュニティ・スクールの成否は、校長のデザイン力とマネジメント力にかかっていると言えます。

① 地域に関する過去・現在の見識がある
② 地域のキーマンになれる人を知っている
③ 地域内外で多くの人とつながれる
④ 学校、先生、子どもの理解ができる
⑤ ボランタリー精神の持ち主
⑥ 気づきや配慮がある
⑦ パソコンがある程度使える

表４　地域コーディネーターにふさわしい人の要件

２．コーディネーターを選ぶ・育てる

コミュニティ・スクールを立ち上げ、運営していく過程においてキーパーソンとして地域コーディネーターが重要であることは第二章「６．地域コーディネーターの出番です」で述べた通りです。では、どのような人物をどのような手立てで選べばよいのでしょうか。

全国のコミュニティ・スクールを見ると、コーディネーターの役割を誰が行うのか市町村や学校によって異なります。事例として多いのが、元ＰＴＡ会長（役員）で現在地域の育成委員など地域活動に力を入れている人です。学校と地域のことにバランスよく対応できるからです。ボランティアをしている人も地域の人となりをよく知っているし、コミュニケーション能力にも長けていて適任者も多いようです。近年、公民館長が地域コーディネーターを担うことも多く見られます。地域社会教育のリーダーとして、コミュニティ・スクール運営を積極的に支援できるのです。つまり地域の役職の当て職として慣習的に選ぶのではなく、適任者として選ぶことの大切さです。その適任としての知見は、①その地域に関して過去や現在について知識がある人、②地域のキーマンを知っている人、③多くの人とつながれる人、④学校、先生、子どもを理解できる人、⑤ボランタリーな精神の持ち主、⑥気づきがあり配慮ができる人、等（表４）です。広報活動や連絡に必要なパソコンの知識も

校長先生と地域コーディネーターの対話の機会を多く

あるとなおさら力を発揮することができます。しかし、なんといっても地域と学校をバランスよくつなぎ、子どもについて理解ができる人が最適任者です。

このような資質・能力を述べると、「そのような適任者はいない」とがっかりされてしまうかもしれませんが、ベテランの地域コーディネーターとして活躍している人でも、初めはよくわからないまま取り組んでいる人がほとんどです。はじめから立派な地域コーディネーターなどいないのです。研修会や学校での経験の中で地域コーディネーターもまた育っていくものだと思います。地域コーディネーターの育成を支援するのは、やはり校長先生や教頭先生、あるいは校内の地域連携コーディネーター（第五章参照）という役職を担う先生ではないでしょうか。

まず校長先生としてできることは、地域コーディネーターとできるだけ対話の機会を作り、教育目標や目指す子ども像など学校の理念を話すことです。また、先生方の置かれている立場や環境などを伝えます。教頭先生は職員室などに先生方と自然と接することができるような居場所を設置する等な環境面を整え、地域連携コーディネーターは、先生方の気持ちやニーズなど本音のところを伝えることから始めます。このような気配りによって、地域コーディネーターが気持ちよく活動しやすい環境を作ることができます。もちろんスクールカウンセラーや図書館司書さん同様、歓送迎会などに招くのも相互理解としての良い機会になります。時には、他校の優秀な地域コーディネーターを紹介したり、先進的な事例を示したりすることも地域コーディネーターを育成する大事な要素です。

地域コーディネーターは、学校や教育委員会と協働しながらも、しかし一方では、地域の目線に立ちバランス感覚を持って適切な意見が言える存在になってこそ、真正のコミュニティ・スクールとしての運営ができると言えます。

3．学校運営協議会委員の選出

コミュニティ・スクールとは、学校運営協議会（学校の運営に関して協議する機関）を設置している学校のことを指します。委員は特別職の非常勤公務員となります。したがって、学校運営に地域の意思を反映するうえで、この委員人選がとても重要になります。委員の構成や人数・任期については各教育委員会が規則で定めることになりますが、活発で現実的・実質的な議論ができる委員を選出したいものです。地域の役員などによる当て職で選ばれた委員だけでは、学校運営のための有効

①子どもに関わる活動を行っている方
②地域性への配慮
③教育活動に関わる団体の代表
④協議会で忌憚のない意見が言える方
⑤団体からは必ずしもその長というわけでなく適任と思われる方
⑥公募委員を置く
⑦識者として地域外からの委員も置く

表５　学校運営協議会の委員として選出したい人の要件

な意見が出ず、形だけの運営協議会になってしまう場合があり、良好な協議会運営とは言えません。

大町市教育委員会では、美麻小中学校のコミュニティ・スクール立ち上げ期に、地域づくりや学校支援に長年の経験を持つ前川氏を地域コーディネーターに委嘱しました。運営協議会委員の人選についても校長先生と地域コーディネーターが相談しました。前川氏はかつて大町市総合計画策定での委員選考要件の議論に関わった経験を持っており、それをもとに当て職の課題、地域性、公募委員の必要性などについて意見を交わしました。校長先生はその結果を委員選考の要件（表５）の参考意見として教育委員会へ伝えました。その内容は、団体からの人選には、実質的に意見を言える人物の人選を団体に任せることとし、それ以外にも地域性を配慮しつつ、子どもたちとの関わりを考慮し、人物を評価しながら推薦することとしました。委員にはあえて普段は学校に批判的な意見を持っていた人物も推薦しました。批判と言ってもただの個人的な意見を述べるクレーマーではなく、教育委員会の下部組織としての合議体として、地域や子どもたちのために公平な評価に基づいて意見を言える人物です。そういう人は、問題意識を持って意見を出されるので、気づきにくい問題点も指摘してもらえると考えたからです。これを参考に教育委員会は、学校運営協議会に地域の意見を実質的に反映できるように配慮

第１回　学校運営協議会
　・委員の任命・経営ビジョンの説明・地域学校協働活動計画
第２回　学校運営協議会
　・学校の現状、課題や問題点
第３回　学校運営協議会
　・学校評価
第４回　学校運営協議会
　・次年度経営ビジョン案・地域学校協働活動報告

表６　１年の学校運営協議会の流れの例

した委員を任命しました。さらにそこには公募委員として地域外から見識ある委員を加えました。運営協議会には市の教育委員も参加し、時には教育長自らも参加し、地域の意見を聞く姿勢を示して、よりよい学校教育が行える環境を作っています。

大事なことは、「心を合わせて地域の子どもを育んでいく地域の代表」としての委員を選出することです。より現状にあった有効な意見が出る学校運営協議会でありたいものです。

４．運営協議会を開く

学校運営協議会とは、当該学校の運営に地域の声を生かし、地域と一体となって特色ある学校づくりを進めていくために協議する会で、通常、年に三回から四回以上開催されます（表６）。五回以上の開催が理想的です。

初めの会では委員の任命、校長先生からのグランドデザインや経営ビジョンの説明、生徒数の動向や学校の様子など報告を経て、委員による質疑がなされます。これらに合わせて地域コーディネーターは、地域学校協働活動の計画や経過、課題、実施報告などを行います。委員が学校や子どもたちの状況を把握して学校の方向性を知り、課題や問題点、また地域の役割などについて意見をこのＱＲコードにアクセスすると美麻小中学校運営協議会の様子が見られます！

https://youtu.be/EFlrSpRQqSY

述べたりする中で、学校運営の基本方針を承認することは大変重要です。

年度途中には、いじめ問題や不登校、保護者の問題、学力や授業、先生の資質に関することなど、さまざまな学校教育の現場で発生する課題が協議されます。

年度の後半では学校評価について協議されます。しかし、学校評価については、資料や学校見学だけではなかなかわかりにくいこともあり、ボランティアの活動などに参加して感じてもらったり、普段からよく子どもたちを見ている地域コーディネーターに助言してもらったりすることもあります。

このように一年間を通じて地域社会が教育の当事者として役割・責任を果たす視点、学校と地域がともに魅力を高める視点を構築していくのが運営協議会です。

5．学校と地域で創る共有ビジョン

学校と地域がそれぞれバラバラな目標であると、自分たちの目標と直接関係ない活動に支援することも増え、WINWIN ではなく、Give ＆ take の「支援の貸し借り」（第一章2．地域と学校が WINWIN）になってしまいます。地域とともにある学校としてのコミュニティ・スクールでは、地域と学校がお互い当事者となり、共通の目標に向かっていくことが大切です。プロセスは双方の「理解→協力→協働」の発展型です。すなわち学校運営協議会という公式な会議体の中で、お互いの役割を認識しつつ、共有ビジョンを学校と地域が熟議を通して創り上げ、そのビジョンに向かって、対等な立場で協働していくことが大切なのです。

美麻小中学校では、コミュニティ・スクールの立ち上げの折、大町市教育委員会が設立準備委員会を設け、ビジョンについて住民等代表一五人と校長先生や教務主任、地域連携担当職員がともに半年間検討しました。かつて住民自治組織設立のための検討委員会でも、学校の存続、国際交流と山村留学の継続の必要性について住民による合意がなされており、それに基づき準備委員会では、地域協働による特色ある学校づくりが今後ますます必要と考え、住民の意思を反映できるコミュニティ・スクール導入について検討しました。

教育委員会は有識者として信州大学教育学部伏木久始教授を招き、小規模校で可能な個を大切にした教育、地方の教育の必要性を学びました。また、住民自治組織が主催で、コミュニティ・スクールの先進事例として、千葉県習志野市秋津小学校や神奈川県横浜市東山田中学校への視察を行い、コーディネーターや校長先生から取組について説明を受けました。さらに大町市教育長や文科省のコミュニティ・スクールマイスターを招いて教育シンポジウムを企画しコミュニティ・スクール導入の意義について討論しました。こうして準備委員会では、当初は小規模校の存続に疑問を持っていた委員やコミュニティ・スクールの必要性を理解できなかった委員も含め、協議を重ね最終的に全委員による設立への合意に至りました。こうして、美麻小中学校のコミュニティ・スクールでは運営に住民が参画し、地域のビジョンをそこに反映するという共有のビジョンを住民と教職員で持つことができました。

学校運営協議会には、準備委員会に参加していたメンバーが多く選ばれました。初めての学校運営協議会では、校長先生によって地域の考え方を取り入れたグランドデザインや経営ビジョについて委員に説明されました。教育理念や目指す学校像、育てたい子どもの姿、九年間を三つの期に分けた教育システムなどについて委員による協議がなされ、一部修正もされました。これらはガイドラインという冊子にまとめられ、それが教職員の授業づくり学校づくりの教科書となっています。また、小中一貫教育や小規模特認校制度等の意義についても説明がされ、こうした協議により美麻のコミュニティ・スクールの学校づくりのビジョンが共有されています。

美麻小中学校のガイドライン

ガイドライン目次

1．目標	4．教育システム
2．経営ビジョン	5．教育課程
3．ねらいと重点	6．重点
	7．資料

写真２　地域のおやじが子どもたちに語る

6．住みたいまちとコミュニティ・スクール

今日、全国的に少子高齢化が問題になっていますが（第一章1．地域が消滅する）、とりわけ地方では過疎化とともに大変深刻な問題となっています。こうした中、子育て世代の移住者にとって、地域が支える学校があり、未来を見据えた良い教育が行われる学校があるかどうかは、住む地域を決めるためにとても重要な要素です。

国も地方創生の中で都市から地方への移住定住を重要な施策としていますが、地域の学校でどのような教育をしているのか、ホームページで見る程度で、移住希望者も移住をすすめる行政職員も、また地域住民も案外わかっていません。実際、ある定住促進のイベントで移住希望者が行政職員にその地域の学校教育の良さに関する質問をすると、「小さい学校なので、指導が行き届いており、地域の人が学校に関わっています」という答えが返って来たそうです。これは本当にその学校の教育の良さを理解して説明しているとは言えません。

美麻地区に住んでいる住民は、美麻小中学校が良い学校だと

言っています。なぜでしょうか。美麻小中学校では、地域の文化祭で総合学習の発表を行い、地域の広報でさまざまな学習活動について知らせています。また校外学習として、総合学習や社会科などの聞き取りや体験を頻繁にしているので、住民と子どもたちの関わる機会が多くあります。こうして多くの子どもたちと関わることから、「おらが学校」という意識を住民が持ち、その良さを知っているのです。

移住希望の子育て世代の家族が、素敵な学校があるからその地域を選ぶということにつながるなら、良い学校が地域の将来にとっても、重要だといえます。もちろん子育てを終えた人や退職した人にとっても、地域の学校でボランティア活動や地域貢献に関わることはやりがい・生きがいにつながり、この地域に住み続ける動機のひとつになります。

近頃コミュニティ・スクールとしての美麻小中学校の子どもたちは、地域で学ぶことを通じて地域のために役に立ちたいと考えるようになってきました。地域を思い、人を思いやる子どもたちは、人を思いやる優しい地域を逆に育てています。子どもを育てるまちづくりは、子どもから学ぶまちづくりへと変容しているのです。

7. 持続可能なコミュニティ・スクール

本章の最後に「持続可能」について考えを述べたいと思います。

コミュニティ・スクール立ち上げ期の「産みの苦しみ」も大変ですが、それを持続可能にする「育ての苦労」も大変です。第五章で山本先生が述べられていますが、校長先生が代わった途端、コミュニティ・スクールでの地域協働の取組が下火になるという事例も見られます。今まで積み重ねてきた学校と地域の信頼が簡単に崩れないように、地域コーディネーターは心配りが必要となります。

しかし、校長先生も教職員も地域の人々も前向きなのに、なぜか活動が下火になることがあります。持続可能を阻害するもう一つの要因、それは「マンネリ」です。

福岡伸一氏（二〇一八）は、「エントロピー増大の法則*」から、持続可能であり続けるためには可変的でなければならないと述べています。すなわち、コミュニ

*「エントロピーの増大の法則」とは、秩序あるものは、必ず無秩序になるという法則である。「部屋を使っていれば自然と散らかるもので決して片付いていくことはない」「壮麗なピラミッドも三千年経つと徐々に風化する」。そこで生命は「エントロピーの法則」で細胞が壊れてしまう前に、あえて先回りして自ら壊し作り替えているのである。システムにどんどん溜まってくエントロピーを常に外に捨て続けるために、少しずつ自分が替え続けている。つまり、細胞など物質レベルでは一年前の自分とはほぼ別人なのである。このように持続可能であり続けるためには、可変的でなければならない。

福岡伸一「『動的平衡』から考える教育という営み」教職研修1月号（2019）から筆者がまとめた。

ティ・スクールの運営が軌道に乗り、うまく回っていても、絶えず少しずつ変えることが持続可能になるのです。例えば、地域の祭りに学校も共同参画し、成功体験を収めることができたとします。この成果を持って、地域の人々や教職員は次年度も同じ運営をしようとします。しかし、子どもも大人も参画する人々が少しずつ入れ替わるように、環境も社会も微妙に変化しています。大きく変えると「相補性」が失われてしまうので、学校運営協議会で話し合われるＰＤＣＡサイクルを上手く使って、少しずつ変えていくことが大切なのです。地域学校協働活動も学校運営協議会自体も少しずつ進化させていく、これが持続可能につながります。

■ファシリテーション（Facilitation）
■コミュニケーション（Communication）
■ロケーション（Location）
■アクション（Action）
■インフォメーション（Information）
■リフレクション（Reflection）

表7　６つのTion

第四章

地域コーディネーター六つのＴｉｏｎ

第四章は地域コーディネーターとして活躍が期待されている人に必要な六つのTionをお話しします。Tionとは動詞に付いて「動作」「結果」などを表す名詞を作るものです。もともとラテン語の「-ionem」が原形で、「こと」という意味をもっています。地域コーディネーターの力量を高めるTionとは、ファシリテーション（Facilitation）、コミュニケーション（Communication）、ロケーション（Location）、アクション（Action）、インフォメーション（Information）、そしてリフレクション（Reflection）の六つの「こと」を指します（表7）。

それでは、コミュニティ・スクールを持続可能にするため、六つのTionを、長野県大町市立美麻小中学校のコミュニティ・スクールの事例を参考にキックオフしていきましょう。

1．地域コーディネーターのファシリテーション

①　必要性と役割

地域と学校が共に協働する教育活動の中で、地域と学校が円滑に、よりスムーズに結びつくことができるように、地域コーディネーターが中立的な立場から場を仕切り支援することをファシリテーション（Facilitation）と位置付けます。

地域コーディネーターの役割は、学校そして教職員を理解することから始まります。学校に出入りするようになると、学校の事情や中立でなければならない先生方の置かれる立場や考え方が見えてきます。それに対し、初めは少し学校独特の空気感、違和感等を感じることがあるかも知れません。しかし、先生方はさまざまな教育環境において非常に難しい立場に置かれています。地域住民には、例え学校に通う子どもの保護者であっても案外わからない学校事情が存在しているのです。こうした状況を地域コーディネーターが理解して、地域との溝を埋める役割が大切になります。また先生方にも地域を理解してもらう努力をしてもらうように促します。地域と教職員との間に誤解や考え方の違いがあることから、うまくいかないことが起こり得るからです。コミュニティ・スクールは、学校と地域の協働で子どもたちを育てる必要があります。そのために一番重要なのは、協働する学校と地域の相互理解なのです。

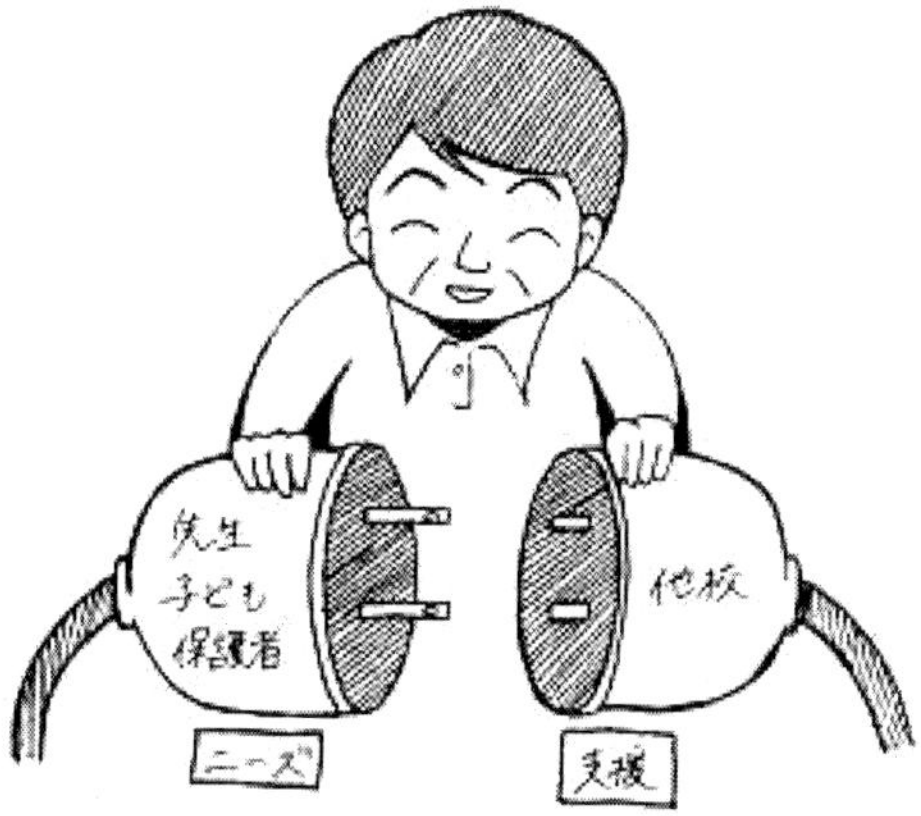

地域コーディネーターはつなぎ役

ところで、コミュニティ・スクールと言ってもその内容はさまざまです。したがって学校が求めるコーディネーターの役割も違い、また学校に配置されるコーディネーターの人数も違います。そのために、その学校でどのようなファシリテーションが求められているのかを考える必要があります。例えば、先生たちのニーズに合わせた地域ボランティアを紹介することをメインにするのか、学校の目標などグランドデザインや経営ビジョンへのアドバイスまでを必要とされるのか、それとも支援する授業のカリキュラムや運営へのアドバイスなども必要なのか、さらには地域学校協働活動の予算まで地域に望むのかなど、そのニーズによってコーディネーターに求められる役割・力量が違ってきます。

地域住民が地域コーディネーターになった場合、学習支援や環境整備など学校へ人材の紹介が要望されることが多くなります。しかし、地域のボランティアによる授業や環境整備のための地域学校協働活動を進めることだけが地域コーディネーターの役割ではありません。それはこれまでの学校でも行われてきたことであり、これまで行われてきた学校支援地

地域コーディネーターは潤滑油

域本部事業や学社融合事業でも十分実現可能なことだったのです。第二章でも述べたように、コミュニティ・スクールという制度を導入した目的は、「地域の教育や子育てへの考え方や意見を学校運営に反映し、そうした教育を持続可能にすること」にあるのです。例えば、地域コーディネーターは、地域に現在の学校教育への疑問や改革を望む声などがある場合は、学校運営協議会を通じて校長先生へ問題を提起し、協議会で議論します。時には、いじめ問題や不登校の問題などが取り上げられることもあるでしょう。こうした学校に関わる問題について、地域コーディネーターが地域にも常にアンテナを張って情報を集め、校長先生や一般の教職員に伝えていくことも、学校運営に役立つのです。

美麻小中学校の場合、学校運営をサポートして地域学校協働活動をファシリテートする上で、地域コーディネーターはまず最初に、地域の歴史や現状、人材、団体の構成や役割、地域の問題や課題、地域の考え方やまちづくりの方向性などを把握し、校長先生や教職員へ伝えました。学校運営協議会の委員の人選やボランティア組織の構成、グランドデザインや経営ビジョンなどを作る際には、校長先生にそうした情報を伝えることがとても重要だからです。それを通じて、校長先生は地域の意見を取り入れた学校運営ビジョンを作成しました。学校運営協議会では、効率的に協議がなされ、学校運営ビジョンを共有化し、共に地域を理解して学校運営を進めようとしている姿勢が構築できました。協議会で潤滑剤の様な役割をするのが地域コーディネーターのファシリテーションだと言えます。

②人を動かす

地域の住民に学校運営協議会の委員やボランティアになっていただくためには、地域コーディネーターによる働きかけが重要になります。学校運営協議会の委員として適任と思われる人選を校長先生にアドバイスをします。そして、地域コーディネーターは、推薦した方には学校運営協議会がどんな役割をし、その方がなぜ必要なのかについて下話をしておくとスムーズに引き受けてもらえます。また、学校支援ボランティアには、授業の目当てや授業での役割、子どもたちとの関わりで注意すべきことは何かを説明します。

さらに、多くのボランティアに気持ちよく動いてもらうために、活動を依頼し打ち合わせをするだけではなく、事後、頑張りと努力に対し感謝の気持ちを伝えるこ

礼状に書かれている内容
・山さいを教えてくれてありがとう
・いっしょに歩いてくれてありがとう
・どうやって食べましたか？
・知らない山さい教えてくれてありがとう

写真３　写真に添えられている子ども達の言葉によるお礼状の例

とを心がけておくとよいと思います。また、地域事情により、活動のつながりが阻害されないように、地域コーディネーターが公平公正な視点を持ち、人がつながるようにコーディネートする必要がある場合もあります。相手の良さをお互いに認め合う雰囲気を作ることが重要なのです。

美麻小中学校で地域の人にボランティアをお願いした時、「私には何の特技もないし、これまで学校に関わっていないから自分には何もできることがない。」とよく言われました。このような場合、それぞれの人の人生、生活経験、生き方自体が学校の運営や子どもの教育に役立つということを伝え理解してもらいました。また、ボランティアに誘う場合も、具体的にどんな授業で何をしてほしいのか明確に説明をしました。丁寧に話をすることによって子どもたちの役に立つということを理解していただき、気持ちよく動いてもらえました。授業後は、子どもたちが感想を発表したり、お礼の手紙などを送ったりしています。このように協力していただいたボランティアへ適切に感謝の気持ちを伝えることが行われない場合には、地域コーディネーターがその方法や必要性を先生方にアドバイスすることも大切です。こうすることによってボランティアの方々は、やりがいとしてまさにエロスと主観的幸福を感じてくれています。(第一章エロスと主観的幸福感に溢れたまちづくり参照)

③一緒に学ぶという視点を持つ

授業支援を行う人は、その道のプロであり、初めはつい「上から目線」で教えてやるという視点で関わりがちです。しかし、ボランティアに大切なのは、教えてあげるという一方的な立場ではなく、子どもと一緒に学ぶという姿勢です。地域学校協働活動での教育は「共育」でなければ続かないことを、ボランティアにファシリテートする必要があります。そのために、ボランティアがともに学ぶことのできる場を設けることが重要です。

美麻小中学校の場合、ボランティア研修会を利用して子どもと一緒に学ぶという実践を知ってもらいました。本章「3．コーディネーターのアクション③力になるボランティア研修会」で詳しく述べますが、コミュニティ・スクールが導入され、活動の内容が充実するにつれ、その時その時のテーマを設けて地域学校協働活動について学ぶ必要が出てきました。また、中学校家庭科の授業で、和装を学ぶ授業が生徒の希望で行われ、浴衣の着付けの指導をしてもらえるボランティアを探しました。その時には、指導してもらえるボランティアの方以外にも一緒にお手伝いただける方や一緒に学びたい方も同時に参加してもらうようにしました。このように授業支援だけでなくボランティアが見守りながらともに学ぶ機会を設ける取組もしています。

④活動テーマを作る

地域学校協働活動の第一歩は、すでに行っていて今後も必要だと思われる活動を振り返り、無理のない活動を続けることから始めることをお勧めします。ボランティアの数や活動の数ではなく、子どもたちの学びや成長に役立っているかどうか中身が大切なのです。そのために運営協議会でも活動テーマに関して協議することがよいでしょう。地域コーディネーターはそのファシリテーションを行います。

美麻小中学校の場合、まず初めにアンケートや聞き取りで、先生や子どもたちのニーズを知りました。さらに授業を見て必要な活動を見つけ出すこともしました。最初に取り組んだテーマは、荒れていた「学校玄関前の植栽事業」（P33写真）で

①　挨拶を大切にしよう
②　学校で得た情報を口外しない
③　良いところを見つけて褒めよう
④　授業は先生が主体である
⑤　割り当てられた時間を守ろう
⑥　子どもと一緒に学ぶ姿勢でいよう

表８　美麻でのボランティアの心得の案

した。子どもたちが集まる場所、遊ぶ場所が見通し良く、安全で楽しい場所にして欲しいという校長先生や先生方からの要望でした。この場所は、こうした活動を通じて地域の人も集う場所としての意味もあります。まず整備活動の資金を調達するために、その前年に補助金の申請をしました。次に古くなった木の伐採、二五本の木の植樹、使われなくなった池の山野草園化を行いました。この年のボランティア登録人数は約三五名です。大切なことはその時の学校や子どものニーズ、それからその時のボランティアの数により可能な活動をすることです。先生にとってもボランティアにとっても無理がなく負担にならないようにすべきです。地域学校協働活動は学校の教育目標や理念をまず考えて、そしてそれに沿って進める必要があります。美麻小中学校であれば、「自律する子どもたち、個性を大事にする教育」ということを常に配慮して活動を考えています

⑤ルールやマナーの必要性

地域学校協働活動にはさまざまなボランティアが関わりますが、学校や先生、子どもや授業のことで知らないと困ることも多くあります。例えば、学校には心の病を持っていたり、集団行動になじめない発達障がいであったり多様な子どもたちがいます。それを理解しないで関わると、大きなトラブルになることもあります。したがって、地域学校協働活動での情報交換は大変重要です。また、そういった思い

を欠かさないためにもマナーやルール作りが必要になってきます。コミュニティ・スクールを進めている学校の多くは、ボランティアの心得というものがあり、地域コーディネーターがファシリテーションしています。

美麻小中学校の場合は、当初、図書館の蔵書整理の活動で、授業中に図書館を利用する子どもたちに顔見知りのボランティアが世間話を話しかけてしまったり、授業支援で必要以上にボランティアが手を出してしまったりと言うことがありました。また障がいのある子どもに対して適切でない対応をとってしまったこともありました。問題が起こった時はその都度アドバイスして解決したのですが、事前にこうしたことが起こらないようにと、ボランティアの心得を作ることにしました。この時、気を付けたことはルールを押し付けないということです。地域コーディネーターからルールを押し付けられると、ボランティアの皆さんがやる気を失うのではないかと考え、ボランティア研修会を開催し、トラブルについての例を学び、みんなが協議してルール作りをするワークショップを行いました。ボランティアの皆さんが必要と思ったその時が、絶好のタイミングです。

⑥アウトラインの必要性

地域コーディネーターが徐々に先生方に信頼され頼りにされるようになると、様々な相談が増えてくる場合があります。学校運営や授業支援に関することはもち

どこまでやるの？コーディネーター

ろん、学校を困らせるモンスターペアレントと言われるような保護者のこと、子どものいじめ問題、校長先生や先生方の日々の悩みを聞くこともあります。しかし地域コーディネーターは、教職員ではありません。このような情報にどこまで関わるのかというアウトラインの確立が必要になります。逆に、学校運営協議会では、アウトラインは設けず積極的に委員さんに情報提供し、意見を聞くことが重要です。特にＰＴＡ会長と協議会の会長とはこうした情報をできるだけ共有しておくと良いと思います。このような場合、地域の情報を集め学校側に伝えて、協議会での協議がスムーズにいくようにファシリテーションする必要が出てきます。

　ある地域コーディネーターは、いじめ問題や問題のある保護者に関することを相談されたことがあったそうです。その人は、人権に配慮しつつ、保護者や地域の人との人間関係を大切に解決できるように働きかけを行い、また地域の状況や考え方などの情報を聞き取って学校に伝えたそうです。

地域コーディネーターは学校と地域のクッション

いずれにしても、地域コーディネーターは地域の住人でもあるだけに、大変ナイーブな問題に対しては、自分のできる技量の範囲で、先を見通していかなければいけないと考えます。地域コーディネーターを核に校長先生や教頭先生、あるいは学校運営委員などとしっかり相談して対応を考えることです。自分がどこまでこうした問題に関わってファシリテーションするのかを、日頃から考えておく必要があります。

⑦地域と学校のクッション材

学校にはさまざまな批判や苦情が来ます。当然来るべくして来た苦情もありますが、時には的外れだったり、誤解だったり偏見だったり、まったくの言いがかりだったりとさまざまで、これらは多忙な先生方をさらに多忙にします。時にはそうしたことが授業の準備に影響したり、先生のストレスや悩みの要因になります。こうした時には、地域コーディネーターは学校と地域のクッション材としての役割を担うことがあります。

美麻小中学校で、まだコミュニティ・スクールが立ち上がったばかりのある日、地域の方が来校し、大変な怒りを発して帰っていきました。学校側は驚き、地域コーディネーターに、「あの人はどういう人だ」と聞かれたことがありました。その方は、子どもたちから途絶えてしまった獅子舞を総合学習で指導してほしいと頼まれて、子どもたちの名簿を要求していたそうです。実は、獅子舞の指導を子どもたちがお願いした状況について学校に十分伝わっていなかったため誤解が生じていたのです。「指導を頼んでおいて生徒の名前も教えないのか」と怒って来校したそうです。そこで学校とその方と、地域コーディネーターがじっくり話し合い、お互いの誤解と配慮が足りなかったことを謝罪しました。その結果、その方には子どもたちの取り組みを理解していただき、熱心に獅子舞を指導していただきました。そのおかげで、夏祭りでは子どもたちは見事に獅子舞を復活させたのでした。さらに、それがきっかけとなり、地域の皆さんがやる気を起こし、祭囃子まで復活させました。今でもその方にも、学校の力強い応援団になっていただいています。

先生と地域の方々の立場の違いから生じるズレ。双方の立場を理解し冷静に対処できる地域コーディネーターは大事なクッション材だと思います。

ファシリテーションここをチェック

●地域の歴史や現状、人材、課題や地域の考え方などを把握し、校長先生や教職員へ伝えましょう。
●ボランティアをお願いする場合、具体的にどんな授業で何をしてほしいのか明確に説明しましょう。
●ボランティア研修会を開いて子どもと一緒に学ぶ視点をもってもらいましょう。
●ルールやマナーづくりをしましょう。
●地域コーディネーターが関わるアウトラインを明らかにしましょう。
●学校と地域のクッション材の役割を担いましょう。

2．地域コーディネーターのコミュニケーション

地域コーディネーターの活動は地域理解のみならず、学校そして教職員・子どもたちを理解することから始まります。それにはコミュニティ・スクールとして関わる全方位的なコミュニケーション力が必要になります。

①校長先生とコミュニケーション

地域コーディネーターは、校長先生の考え方を知りそれを理解することが重要です。どのような学校運営をしたいのか、どういう教育目標・重点目標を定めようとしているのか、そして地域との関わり方をどのように考えているのか、グランドデザインを知ることです。それと並行して地域コーディネーターは、これまでの地域と学校との関係や地域の教育やまちづくりへの考え方、実際に行われている地域づくり活動の内容などを校長先生に知ってもらうことも重要です。このような対話を通して、校長先生は経営ビジョンを作成する際に、地域の意思を反映することができるようになるのです。地域の情報は、学校運営にとって大きな柱となるのです。

美麻地区の住民は、平成の大合併を機に地域づくりの意識が高まり、住民自治組織を立ち上げるために、地域に必要なものは何かという議論を長時間かけて行いました。その結果、学校の存続、子どもたちの国際交流事業の継続、山村留学制度の

継続などを必要な事業として定め、地域を挙げて取り組みました。そのような経緯と取組についての情報に基づき校長先生はグランドデザインを作成しました。

コラム 2

夢を実現させた学校

前長野県大町市立美麻小中学校長　髙野　毅

「え、ちょっとそれは分からないです。」「・・あ、ありがとうございました・・・。」力なく受話器を戻し、肩を落として職員室を後にする中学生の背を見て「きっとうまく話せなかったと思っているんだろうね。」とある職員。

美麻を発信するために、自分たちで育てた花豆を使った商品を開発して、銀座NAGANO（長野アンテナショップ）で販売しよう・・。一見無謀な夢のような話ですが、これを実現したのが美麻小中学校です。地域の方々に協力いただき、夢が実現したのです。しかし、始めから順調に進んだわけではありません。地域の方にお願いするにしても、最初は冒頭のような様子。電話でうまく話すこともできず、少々挫折感も味わいながら交渉に入りました。有り難いのは、やはり子どもたちを大切にする美麻の温かさ。生徒の意を汲み取っていただき、校庭他地区内一〇カ所で花豆の栽培が始まりました。根気よく相談を重ね、地元の方々の協力の下、花豆を取り入れたパンや羊羹が、形になっていきます。漠然と「花豆を使った商品」だったものが、専門家の協力で「美麻の花豆のよさを活かした商品」として、完成していきます。

　七月、銀座 NAGANO での販売の日を迎えました。訪れた方々も小さな学校の中学生の活動に興味津々です。緊張の面持ちで笑顔の練習をしていた生徒も、お客さんの前では慣れた実演販売員のよう。質問にも適確に答えます。始めの頃の電話口でうろたえていた姿は全くありません。自然な笑顔は接客を楽しんでいる証拠でしょう。悩みながらも、地域の方の支えで、ここまで成長してきた子どもたち。相手に思いを寄せながら自分の気持ちを伝えることが自然にできます。子どもたちの本気に、周囲の大人が本気で応えてくださり、世の中を知り、世の中に出たときどう振る舞うかを考えることができた市民科（総合的な学習）の活動でした。

②先生方とコミュニケーション

先生方とのコミュニケーションは、子どもの理解を促進するために、また授業支援のニーズを知るためにもとても大切になります。ところが、地域コーディネーターからも先生方からも、初めはどのようにコミュニケーションをとっていいのかわからないという声をよく聞きます。このように互いに距離を感じ手探り状態の場合には、簡単な工夫によってコミュニケーションが深まることがあります。あるコミュニティ・スクールでは職員室内のお茶のできる場所で、自宅で作ったものやどこかに出かけた時のお土産など、おやつになるようなものを持って行きます。簡単なことですがそれがきっかけになり会話がはずむのです。飲食を機会に会話がはずむということは、地域社会では当たり前に行われることです。

美麻小中学校では、地域コーディネーターが校長先生の配慮により、先生方との留別会、歓送迎会などで一緒に飲んだり、二次会でカラオケをしたり、時には地域のボランティアや運営協議会の役員などにも声をかけて先生方と一緒に飲んだりする機会があります。こうした場でも、具体的な地域学校協働活動の話を提案したり先生から学校の悩みなどを聞いたりすることがあります。「飲み二ケーション」に批判的な意見もありますが、日本における伝統的なコミュニケーション方法の一つであり、民俗学的に考えても良き

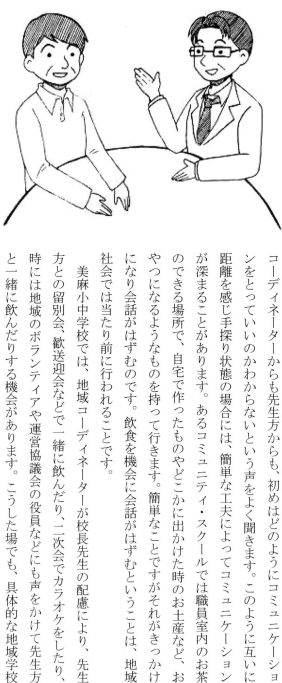

①支援の対象の学年と教科、実施時期
②支援授業の対象の単元
③支援授業のめあて
④支援依頼の内容
⑤必要な時間
⑥支援依頼ボランティア名と連絡先
⑦授業風景写真や使った資料など添える

表9　支援授業引き継ぎ内容

文化だと思っています。相互理解を進めると言うことは、人間同士のつながりを深めると言うことでもあり、先生への情報提供を積極的にすることが、基本的な地域学校協働活動ではないかと思います。

先生方には異動があります。したがって、とりわけ新学期のコミュニケーションには力を入れる必要があります。異動してこられた先生方と関係づくりをしなければならないからです。前任校がコミュニティ・スクールでなかったり、あまり活発でなかったりした場合、その意味や内容について最初は戸惑うからです。

前任者と後任者の間で、異動に際し具体的な引継ぎが行われますが、大量の引継ぎ内容のおかげで、コミュニティ・スクールに関する授業支援など、後回しになってしまう場合があります。地域コーディネーターは異動される先生に引き継ぎをお願いしておくと良いでしょう。

それはそれとして、それぞれの先生方と個々の活動について丁寧に説明する必要があります。できれば活動に関して図や文章などにし書類を作り説明するとより正確に伝えることができます。（表9）したがって地域コーディネーターにとって新学期はコミュニケーションをとることに非常に忙しい時期になります。

美麻小中学校の場合は、毎年新学期の職員研修で地域コーディネーターが、地域の事情やまちづくりに関すること、コミュニティ・スクールの仕組みや具体的な活動の取組事例などを話す場を作っていただいています。こうすることで、活動について効率的に説明することができます。また、ボランティア研修会に先生方にも参加いただくことで、その理解を進め、そこでのコミュニケーションを通じて新しい活動が生まれています。

コラム 3

スウェーデンのFIKAタイム

長野県須坂市立旭ヶ丘小学校　清水　貴夫

スウェーデンでは、FIKA（フィーカ）と呼ばれる習慣があります。飲み物などが用意された落ち着いた雰囲気の部屋で、会話を楽しみ休憩する時間です。学校にもFIKAルームがあり、教師たちは、始業前や休憩時間に同僚とお互いの家族の話や趣味の話、簡単な打ち合わせなどを行います。子どもたちは、この部屋へ入ることはできません。教師たちは、リラックスした環境で会話することにより、相互のコミュニケーションを図っています。お茶を飲むことよりも、同僚たちとの対話を目的に部屋へ来るという方が多くいます。対話することによって学年内での連携や、子どもの情報交換がしやすくなるそうです。FIKAによって、教師それぞれの思いを知り、お互いの理解が深められていきます。業務である教師としての授業や子ども理解についての相談は、主として放課後に行われ、FIKAではもっぱらコミュニケーションを図る時間となります。教師たちにとってのFIKAは、心の安定と同僚性を培う素地づくり、距離感を図り縮めていく場の醸成という大きな役目を担っているともいえるでしょう。対話とコミュニケーションを大切にしているスウェーデン教師たちの姿。日本にも広めたいですね。

③校内連携コーディネーターとコミュニケーション

第五章で詳しく述べますが、校内連携コーディネーターは、学校側の地域コーディネーターのような仕事を担う先生で、先生方のニーズを把握して、それを地域コーディネーターに伝えます。総合学習など地域と連携した授業のカリキュラム作りに関しても地域コーディネーターに相談します。地域コーディネーターは、学校にいる時間に制約があり、必ずしもすべての先生とのコミュニケーションが円滑にいくとは限りません。そこで、校内連携コーディネーターと十分なコミュニケーションをとることが必要になります。

美麻小中学校の場合、校内連携コーディネーターは、すべての授業支援を総括して情報を集めます。地域コーディネーターを経由しない授業支援も先生たちにアンケートをして最終的に把握して報告していただいています。

総合学習では、平成二三年度より継続的に地域に学ぶプログラムを進めてきました。地域の課題などに基づいて、子どもたちが自由に研究テーマを決め、その学びを地域に発信し、地域とともにアクションを起こします。そのために先生方のファシリテーション能力が必要になり、地域の方の知識や経験から子どもたちが学ばなければなりません。そこで地域人材や資源、歴史などを知る地域コーディネーターのアドバイスがとても重要になります。またこのカリキュラムは、ボランティアの

＊「協働の学び」とは、少人数によるグループで「聴く・問う」ことから始まる対話を基盤として、課題について互恵的に語り合うことによる学びづくり（美麻小中学校ガイドライン2018）

写真４　子どもとの会話でニーズを知る大切さ

意見などを参考に、地域コーディネーターの経験に基づき先生方に改善のアドバイスをします。これまで授業支援の計画や次年度のガイドラインを作る際には、校内連携コーディネーターの先生と話し合い、それを反映させてきました。

④子どもとコミュニケーション

地域コーディネーターは学校にいる時、できるだけ子どもたちの学習や活動の様子を見て、子どもたちと話すように心がけるとよいと思います。どんな授業が行われていて子どもたちが今何を学んでいるのか、学びに必要な地域の人材はどういう人か、子どもたちのニーズを知ろうとする姿勢が大切です。そのために普段から地域コーディネーターは気軽に挨拶ができて、コミュニケーションのできる環境を、子どもたちとも作るようにしましょう。

美麻小中学校の授業を参観すると、「協働の学び＊」に基づいて授業を受けている子どもたちは、挨拶するとあとは平然と授業に集中し、学びの会話を子どもたち同士で続けます。学習内容について質問してくる子どももいますが、このような時には

先生の授業に配慮しつつ対応します。参観の最中に子どもたちから「〇〇について
ボランティアを探してほしい」と頼まれることもありました。こうしたコミュニ
ケーションを通して、特別に配慮すべき子どもの様子も見えてきます。ニーズや状
況を知り子どもたちを理解するために、子どもたちと接する機会を自ら能動的に作
るようにしています。

⑤保護者とコミュニケーション

保護者は、共働きの家庭も多く、常時地域学校協働活動に関わることが難しいこともあります。また、ＰＴＡ組織では規約の改正や組織の改編に手間や時間がかかり、変化に素早く対応できない場合があります。しかし、地域との連携において保護者の理解が大変重要となります。まず、コミュニティ・スクール設立準備の検討会の段階からＰＴＡ役員が参加し、コミュニティ・スクールについて理解を進めることが必要です。地域学校協働活動への保護者の参加は、地域の人々の地域学校協働活動参加への理解を得やすくします。さらに、保護者がボランティアの皆さんと顔を合わせる機会にもなり、相互のコミュニケーションを進める場にもなります。地域コーディネーターとしてＰＴＡの会合などでこれらの趣旨を話していくことが必要です。

美麻小中学校では、ＰＴＡ組織のボランティアへの参加が必然であるとして、Ｐ

写真５　地域での井戸端会議で情報交換

ＴＡ総会等で規約や組織改正を協議して承認され、すべてのＰＴＡ会員はボランティアとするという規約を定めました。ただし、仕事があるなど当然家庭事情があるので、活動は強制せず無理のない範囲で行うように配慮しています。例えば学校周辺の環境整備や運動会準備のような行事支援は、ＰＴＡがこれまで行ってきた学校支援ですが、現在はボランティアとの協働事業として行うようになりました。また、図書館での蔵書整理、低学年の遠足や調理実習などには多くの保護者が活動に参加していただいています。

⑥地域住民とのコミュニケーション

地域住民とのコミュニケーションは、地域学校協働活動に関わっていただける人材を増やすために必要です。地域の人が集まる機会、例えば地域イベントや会議などを利用して、地域コーディネーターは子どもたちの状況や学校での課題などを説明し、地域の人たちの感じていることや思いを聞きます。また、地域の人の経験や仕事、得意なことを聞いておいて、活動を頼まれた時にはそれをもとに活動をお願いすることもあります。そのために地域での普段からの何気ない会話を大事にしておくことが大切です。

しかし、学校に複数のコーディネーターがいない場合、一人のコーディネーターがすべての情報を把握するのは困難です。そこで、サポートしてくれるサブコーディネーターの役割ができる人を見つけ、そのつながりを大切にするとよいでしょう。地域の組織や自治会、公民館などの組織を利用して、自分にできないコーディネートをサブコーディネーターにお願いする、そうすることがボランティアの人材の範囲をぐんと広げることになります。

⑦コミュニケーションによって視野を広げる

学校は地域の中にありながら、意外に先生方は地域社会を知らないと感じることがあります。そこで地域コーディネーターは、地域の代表という意識で先生方と関わり、たくさんの情報を伝えるとよいと思います。そのために自ら積極的に研修会や県教委・市町村主催の講演などに参加して視野を広げましょう。機会があれば、他県他校へ出向き、そこのコーディネーターさんと対話したり、ワークショップなどで意見交換をしたりすることが有意義です。人の縁を大事にすることが重要で、研修会などに参加した時には可能な限り講師の方やワークショップなどで関わった方と名刺交換をしましょう。地域コーディネーターは人の縁が財産です。今はすぐに役に立たないと思っていてもいつか役立つ縁もあります。そうした機会をより有効に活かしましょう。そして、学校運営協議会の委員さんやボランティアのリーダーの皆さんも、こうした研修会に誘って一緒に参加してもらい、できるだけ地域学校協働活動に対する理解をともに深め、思いを共有しておくようにしましょう。
その町にコーディネーター連絡協議会があれば、積極的に活用することも有効です。

コミュニケーションここをチェック

●校長先生とは学校運営に関わるコミュニケーションを大切にしましょう。
●先生方とは活動に関するコミュニケーションを積極的に行いましょう。
●子どもとは、子どもを理解するためにコミュニケーションをしましょう。
●ＰＴＡとの連携を大切にしましょう。
●地域とのコミュニケーションで情報を収集しましょう。
●積極的に学校外の研修の場などへ出て行って学びましょう。
●研修会などにボランティアや運営協議会の委員さんたちを誘って、地域学校協働活動に対する理解や思いを共有するようにしましょう。

3．地域コーディネーターのロケーション

① 学校での立ち位置

教育委員会に委嘱され、地域コーディネーターとして活動に入ると、学校でどのような立場・立ち位置（Location）でいればよいのか初めは悩むと思われます。地域コーディネーターは、学校職員ではありませんが、単にボランティアでもありません。そこが微妙なところですが、先生や子どもたちから気軽に相談されて、信頼される人でいたいものです。気を付けたいところは、活動の際に地域の考えを押し付けないようにすることです。授業には、ねらいがあって先生はそこに向かって組み立てています。地域の考えの押しつけは、先生方をさらに多忙にし、支援がかえって負担を増やしてしまいます。地域コーディネーターは、子どもや先生のニーズを知り、その気持ちを理解して対応する必要があり、サポート役でありながらも必要に応じて、目指す方向をアドバイスできる存在になれるとベストです。状況を見て、必要と思われるときにはコーディネーターの方から授業の協働的な支援の話を切り出すこともよいでしょう。先生の中には情報不足で地域学校協働活動についてイメージが湧かない人もいます。先生方の性格や日課についても理解し、相談できる時間と場所を確保するとよいでしょう。

時には先生の個人的な情報や子どもたちの問題やトラブルについての情報も耳

に入ってくる場合もあります。地域コーディネーターは、当然学校における個人情報について守秘義務があり、個人の情報を守るという姿勢を常にもっておかなければいけません。

美麻小中学校の職員室にいると、最近多くなりつつある特別に支援が必要な子どもたちへの対応の話などを聞くことがあります。私は、長年国際交流や総合学習などの地域学校協働活動を通じて多くの子どもたちと関わり、何度も卒業生を見送り、それぞれの子どもたちの成長を見てきました。すべての子どもたちが変容・成長し立派に育っていく姿をたくさん見てきました。そのような経験から地域コーディネーターとして長いスパンで子どもたちを信じて見守る、そのような立場・立ち位置であり、そこで感じてきたことを先生方にも伝えて応援することが大事だと感じています。そういう意味では、ある程度長く地域コーディネーターを続けることが必要だと思います。

②地域と学校のほどよい間

地域コーディネーターは、学校にいるときは、できるだけ先生方や子どもたちとコミュニケーションをとるとよいことは前節で述べました。ところがだんだん慣れてくると勝手がわかり、しっかり打ち合わせを行わず活動に臨んでしまうことがあります。慣れが「職員化」を引き起こしてしまうのです。

地域コーディネーターの役割は、ボランティアを学校につなげるだけでなく、地域住民の意思を学校運営に反映することにもあります。地域コーディネーターが、あまりにも職員側の立ち位置になってしまったら、せっかく地域住民として学校に関わっているにもかかわらず、地域住民の目線ではなくなって、その役割が十分に果たせなくなってしまう恐れがあります。ですから、学校との程よい距離感を保ちながら、教職員とは違う視点で学校と地域をつなぐ役割を続けてゆくように心がけましょう。

そのためには、地域の住民の声に常に耳に声を傾け、学校や子どもたちをどう感じているのか、どう見ているのか知っておく必要があります。また、外部での研修会に参加するなど、コーディネートがマンネリ化しないように、自分なりの活性化への努力が必要です。

③学校運営協議会での立ち位置

学校運営協議会では、地域コーディネーターは、校長先生による地域に関するグランドデザインの補完をしたり、子どもたちに関する課題への理解をサポートしたり、協議会委員による協議のお手伝いをしたりします。また、地域学校協働活動の進捗状況や問題点などの説明もします。難しい問題が起こった時は、委員さんたちに状況の理解を進め、問題解決への意見が出やすいように事前に説明しておく場合もあります。さらに地域で把握した問題が、委員さんたちから地域コーディネーターに伝えられた場合、校長先生へ事前に伝えることで協議が円滑に進みます。

学校運営協議会では、地域や学校で起こっている子どもに関わる問題が議題として協議されます。協議会を建設的な方向で進めてゆくには、「いつでも子どもたちのためになることを優先に考える」という姿勢を常に持ち、協議が違う方向へ進んで行くようなことがあれば、コーディネーターは軌道修正する役割を担います。

以前、地域で保護者まで巻き込むショッキングな事件がありました。マスコミが殺到し、中には悪質な地域イメージを作り上げるような報道まであり、子どもたちだけでなく多くの住民が傷つきました。この直後に開かれた学校運営協議会では、「事件は残念だったが、関係の子どもはいじめにあったりつらい思いをしたりしていないか、保護者は大丈夫か、学校はどう対応しているのか」という質問が出ました。協議会では事件への非難ではなく、子どもたちの安心安全への思いやり、またそれに対する配慮などについて協議されました。何より第一に子どもたちのことを考えるという視点で意見が出し合える学校運営協議会があることが重要です。

④同じ目線で

地域コーディネーターは、先生や子どもたちに対して、誰とでも同じ目線に立って関わることが必要です。やってあげるとか、頼まれたからとか、恩着せがましかっ

学校運営協議会での情報共有と熟議を

たり上から目線になったりしないように気を付けることが大切です。地域と学校が対等に話し合えるように調整することも役割です。上下関係が生まれてしまうと、どちらかに負担がかかり、そうなるとコミュニティ・スクールの仕組みは長続きしません。

地域学校協働活動に関わると、それが自分自身にも学びの場になり自分の成長につながります。また、子どもたちの成長に地域の大人たちが関わることで、自分の住む地域がよくなるという意識が生まれます。こうしたことを伝えてゆくことが地域コーディネーターの役目です。

美麻小中学校では、総合学習の授業のまとめや発表を、同じ学校の子どもたちだけでなく授業支援していただいた皆さんや保護者も一緒に聞ける総合学習まとめの会や、地域の文化祭でも行っています。こうすることで、子どもたちは地域と向き合い責任感が生まれ、地域の人たちは子どもの成長を強く願うようになるのです。

⑤コミュニティルームの重要性

ボランティアの居場所づくりとして、一般の人が集えるコミュニティルームあるいはボランティアルームと呼ばれる場所の存在はとても重要です。学校には普通、子どもたちと先生以外は居場所がありません。もし図書館が地域の人も使えるものであればそういう場所もよいかもしれませんが、授業や委員会などがあり、開放することは難しい状況です。そこで空き教室などを利用したコミュニティルームがあると、ボランティアや保護者達が学校に来たときに自由に使える部屋として利用し、気兼ねなく学校にいることができます。さらに授業支援での先生方との打ち合わせ場所として利用することもできます。

美麻小中学校では、コミュニティ・スクールを立ち上げた当初、コミュニティルームをつくる予算がありませんでした。そこで美麻地域づくり会議の助成金を利用し、使われていなかった物置部屋を改装しコミュニティルームを作りました。今は、コーディネーターの事務所やボランティアの休憩場所としてだけでなく、ＰＴＡも利用します。棚、ホワイトボード、掲示板、パソコン、ファックス、ポットなどを準備し、お茶やコーヒー、茶菓子なども常備し、さらにコミュニティ・スクールに関する資料なども置いてあります。子どもたちの放課後学習の場所にも使え、ボランティア研修会や地域学校協働活動の時には小さい子どもの居場所にもなっています。時には先生や卒業生、外部からの見学者の休憩場所に利用しています。美麻小中学校のコミュニティルームの場所は、入りやすい玄関に近い場所にあります。

みあさづくり通信　平成27年 10月号

みんなで作るコミュニティ・スクール

オオマチミアサ・テレビ公開収録 ＆美麻市民科総合発表

地区文化祭では、美麻小中学校児童生徒の様々な作品が展示されました。また、７年生から９年生は、今年度の総合的な学習で、美麻地区の歴史や文化、地域の防災について調査したり考えたりしたことをそれぞれスライドにまとめ、ステージで発表しました。

午後の公開収録では、8年生が取り組んできた「防災学習」の成果を発表したり、地域で防災について考えてほしいといった提案をしたりしました。

地域づくり会議の皆様にサポートしていただき、全体の司会進行は７年生、公開収録のMCやディレクター、タイムキーパーは９年生が行いました。

とても寒い一日ではありましたが、どの活動も一生懸命に行うことができ、すばらしい学習になりました。

○中学生は総合発表と手伝いがありました。私は司会をやりました。前半の４つの進行でしたが、うまくこなせたと思います。片付けも突っ立っていることなく、動くことができたので良かったと思いました。

○私は「会場の皆さんへの諸注意」みたいなアナウンスをしました。緊張してしまい、ところどころ噛んでいまいました。総合的な学習の発表では、練習した中で一番いい感じにできたんじゃないかなと思います。準備や片付けなどいろいろあったけれど、無事に終わりよかったです。

○7～8年生は、梨の木祭で総合を発表せずに地区文化祭で発表するということだったので、緊張していました。総合の発表の順番も僕が最後だったので、さらに緊張しました。去年と同じくたくさんの人が来ていてすごいなと思いました。公開収録の時、MCを担当した９年の幸夢希さんと伊織くんがとてもにこやかに進めていたので、「すごいな」と思いました。

facebook

フェイスブックでも美麻Wikiのページを開設中です。スマートフォンでは、ＱＲコードを読み取っていただくだけで、見ることができます。

写真６　子どもたちが地域の文化祭で学習発表（広報誌）

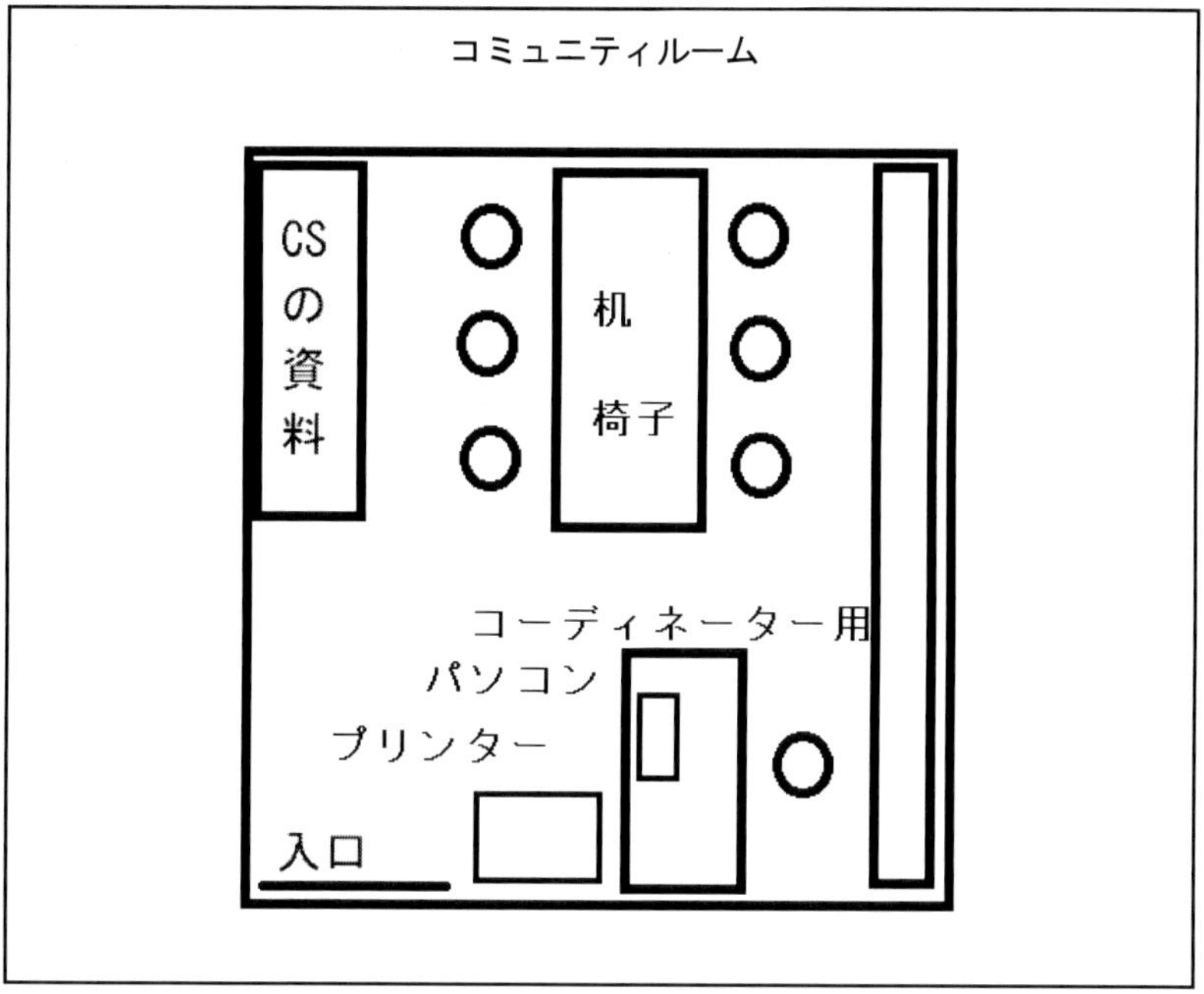

図４　美麻小中学校のコミュニティルームの配置図

⑥地域コーディネーターの居場所づくり

学校での地域コーディネーターの居場所づくりはとても大切なことです。居場所として考えられるのは、コミュニティルームとかボランティアルームと呼ばれる部屋か職員室です。コミュニティルームがあるとコーディネーターは、自由に使えて気兼ねなく長く学校に居られます。しかし、そこに閉じこもっていてはなにもなりません。地域コーディネーターはできるだけ職員室にいて、先生方と積極的にコミュニケーションをとることが大切です。職員室に空き机があればコーディネーター専用としてもらえるのが一番よいのですが、なければカウンセラーや初任者研修担当の先生と兼用に使わせていただくことも考えられます。また、職員用の休憩室などを利用することもおすすめです。校長先生や教頭先生に相談してみてください。

写真７　美麻小中学校のコミュニティルームの様子

ロケーションここをチェック

- ●コーディネーターは気軽に相談できる存在でいましょう。
- ●職員とは違った地域住民としての視点を大切にしましょう。
- ●運営協議会では校長先生と委員のサポート役に徹しましょう。
- ●子どもたちや先生たちと同じ目線でいましょう。
- ●コミュニティルーム、ボランティアルームなどの居場所づくりをしましょう。
- ●地域コーディネーターはできるだけ職員室にいて先生と会話しましょう。

4．地域コーディネーターのアクション

①授業支援へのチャレンジ

では、地域コーディネーターは、コミュニティ・スクールで何を目標にどのように行動（Action）すればよいのでしょうか。

地域学校協働活動には授業支援、放課後学習、環境整備、安全見守りなど様々な活動があります。放課後学習や環境整備、安全見守りなどの活動からはじめる学校もありますが、最終的には授業支援の充実を目標にしたいものです。

授業支援としては各教科や総合学習、特別活動などがあります。取り組みやすいものとして総合学習やキャリア教育に関連した特別活動の支援などがあげられます。学校種別では、小学校低学年では生活科での協働的な支援が取り組みやすく、理科の実験や算数での道具などを使った作業の補助なども考えられます。高学年では、地域学習や稲作などの体験学習です。中学校では地域を取り扱う社会科や総合学習、職場体験や講演会などのキャリア教育の支援などのニーズがあります。また、家庭科の調理や裁縫、ミシンなどの指導もあります。授業支援に戸惑う先生には、ボランティア研修会や職員研修会などで「こんな協力ができる」「こんな資料を提供したり人物を紹介したりできる」と提案すると、「そうか、それはいいね！」と依頼されることがあります。

美麻小中学校では、コミュニティ・スクールになる以前から地域を学ぶ総合学習を行っており、それを地域づくり活動での学社融合事業として継続してきました。この授業は、今も美麻小中学校での協働的な授業支援の中心的なものとなっています。

②縁とタイミング

各地域で地域コーディネーター研修会なるものが時々開催されます。そこで「コミュニティ・スクールとして十分機能していない」とか「なかなかよい活動ができない、それをどうしたらいいのか」という質問が出ます。コミュニティ・スクールは、人と人との縁によって作り上げていくものです。縁にはタイミングがあります。例えば、校長先生や先生方、ボランティアの人たち、ときには教育長などと、よい縁ができた時が活動のチャンス・働きかけのチャンスです。したがって、よい縁がない時は無理しても進みません。逆にニーズがあり人材も揃っているときは、タイミングを逃さないことが重要で、そのきっかけを作るのが地域コーディネーターの役目です。自分につながった人をさらに先生や子どもやボランティア同士につなぎます。

美麻小中学校がコミュニティ・スクールになり、現在のように地域学校協働活動が充実した理由は、一人の校長先生だけではなく、歴代の校長先生それぞれが少し

写真８　おやじの授業は保護者にも人気

写真８　林業をしているお父さんたちが学校の白樺の木をチェーンソーで切り、子どもたちはその木を使い机や椅子、鉛筆立てや色鉛筆も作りました。様々な木の模様や手触り、におい、木の名前を教わりました。

ずつ実績を積み重ねていったところにあります。また、それを形にしたのは当然のことながら先生方であり、さらに地域の自治会や住民自治組織の役員さんなど、多くの人の縁のおかげです。この時、地域コーディネーターとして出来ることは、それを「つなぎ調整する役割」を果たすことなのです。

③ボランティアをしよう

地域コーディネーターは、コーディネートに専念するだけでなく、自らもボランティアとして活動を行うと楽しいものです。その中で、自らの経験を通じて子どもたちを知り、授業支援でのポイントや課題などを理解することができます。また、自らボランティアとして活動していると、授業支援のやり方を他のボランティアに経験を通じてアドバイスすることができます。また異動で新しく来られた先生には、自分の経験をもとに支援の内容や授業の流れなどの情報を伝えることができるようになります。さらに、先生方や子どもたちとの距離感が縮まり、気楽に話せる環境を作ることができます。留意点としては、授業支援を行うとなると、つい自分がやりたい内容を中心に考えてしまいますが、あくまでも授業計画に沿い、先生方や子どもたちの授業の支援である、ということを心がけることです。

美麻小中学校では、私自身もボランティアとして、自分のキャリアを利用した

写真９　ボランティア研修での学びとコミュニケーション

授業支援を行っています。例えば、調理師の経験から家庭科で味噌汁を作る単元で「だし」の授業を行い、和食がテーマの単元では魚の調理を取り入れた授業を行いました。また総合学習では、国際交流の訪問事前授業として他のボランティアと授業を分担しています。大町市の定住促進アドバイザーの経験からは、総合学習や社会科の授業を行いました。このようにして、子どもたちとの関わる経験を通じて、授業支援での課題やポイントを学んでいます。

④力になるボランティア研修会

ボランティアに、その役割を理解してもらい、各場面で力量を発揮してもらうために「ボランティア研修会」を開くと大変効果的です。内容は、毎回その学校の状況に応じたテーマをあげて、継続的に行うことです。参加者は、ボランティアや保護者だけでなく、先生方の参加もあると、ボランティア同士や先生方との交流も一層深まります。この中で地域学校協働活動の課題に気づいたり、先生とボランティアの意思疎通ができたり、新しい授業支援が生まれたり、ボランティアの役割と先生の役割の確認を行うことができます。

美麻小中学校では、コミュニティ・スクールを立ち上げた際に、校長先生からボランティア研修会が、地域学校協働活動の活性化に役立つという提案がありました。そこで各部会の役員と総務部を中心に話し合って年二回程度土曜日の午前中または金曜日の夜に研修会を実施することにしました。当初は、ボランティアを増やすために、活動の必要性やどのような活動が必要なのか事例を聞きながら学び、それを地域にも広報しました。経験豊富なコーディネーターを講師として招いて地域学校協働活動の意義や実例、課題について話を聞き、ワークショップも行いました。そこではお招きした講師の方のアドバイスが、研修会の計画にとても役立ちました。研修会は、美麻小中学校のボランティアだけでなく、運営協議会の委員、先生、保護者や地域の方、地区以外の活動に関心のある方まで広く呼びかけて参加していただきました。当初はこれまでにできたご縁を中心に講師を探して研修会を進めてきましたが、文科省や県や市の教育委員会などの講師招聘のための予算を利用しました。しかし、いつまでも外部講師ばかりを頼っているわけにはいきません。良い研修会を進めるには、地域コーディネーターやボランティア部会の役員がファシリテーターになる必要があり、そのファシリテーションの技術を学ぶ必要があります（第四章　1．地域コーディネーターのファシリテーション p52 参照）。

実際には企画した研修会で失敗もありました。研修会の中で活動のルール作りをしようと企画しましたが、やってみると想定外の多くの人が参加し、目的とは全然違う方向へ議論が進み、ルール作りの話し合いが全くできませんでした。このような失敗がないように研修会を進めるためのファシリテーションの技術を学んでいく必要もあります。

多くのボランティアに授業支援の実情を知っていただくため、先生方に事例発表をしていただき、それをもとにワークショップを行う研修会も実施しました。ワークショップでは、先生がやりたい授業、ボランティアができる支援について話し合い、その場で新しい授業支援のアイデアが生まれました。例えば、中学校家庭科での子育て中の母子との交流という授業です。小さいお子さんがいるお母さんと先生との研修会での会話から生まれたものです。子どもたちはこの授業後、保育園交流の体験をするのでとてもよい学びになったそうです。これから出産される方も参加していますが、お母さんたちには、こういう場があることで多くの子どもたちや他のお母さんたちとの交流がとてもありがたいと評判になっています。前に述べましたが、こうした授業支援の日はコミュニティルームが母子の居場所として有効に利用されています。

このＱＲコードにアクセスすると美麻小中学校ボランティア研修会の様子が見られます！

https://youtu.be/P3fpspsrm1Y

⑤問題解決とリスク・マネージメント

学校にはさまざまな問題が起こります。コミュニティ・スクールになると、そうした問題が学校運営協議会にも報告され、時には委員さんたちが地域の立場でその問題解決の方法を一緒に考えることになります。先生方がそれまで自分たちだけで悩み考えてきたことが、地域も共有して考えるようになるのです。このことは、先生方にとってとても大きな支えになります。しかし、こういう問題はプライバシーにかかわることも多いので、それぞれの委員さんの守秘義務という姿勢が大事になります。

また、地域学校協働活動を行うことは、そこでのトラブルも起こる可能性があるということです。どのような問題が起こりうるのか、その場合どのように対応すれば良いのか日頃から考えておくことが必要です。そして、トラブルが起こったら迅速に対応することが大切です。このような場合はコーディネーターが一人で解決しようとしないで、運営協議会の委員さんにも相談するとよいでしょう。

美麻小中学校で起こったトラブルとしては、保護者が学校をＳＮＳなどで根拠なく誹謗中傷した事件がありました。程度は違ってもこうしたことは多くの学校であると思います。非常に微妙な問題で守秘義務にも関わりますが、事実について学校運営協議会で報告され、慎重に協議しました。通常、このような事件が起こると先生方だけで悩み対応に追われますが、運営協議会が理解を示し応援してくれること

無駄をなくして大事を大事に

は大きな力になりました。そして地域での学校や先生方への誤解や偏見を防ぐことにもつながっています。

⑥さまざまなアクション

地域コーディネーターにはさまざまなアクションがあります。送付文書の作成、ボランティアへの連絡、報告書作成、また事業の企画や素案作り、次のステップに必要な資料の作成などです。外部から注目されるようになると視察対応や、研修会などでの事例発表、他校コーディネーターとの交流や情報交換などもあります。しかし、無駄な事務作業は時々見直し、できるだけ簡素化していく姿勢も大事です。特にボランティアとの連絡に一番手間がかかります。メールやSNSによる一斉配信が迅速で便利ですが、連絡網やその地域で可能な方法を考えましょう。

美麻小中学校では、コーディネーターはパソコンを利用していますので、一回目の文書作りは大変ですが、次年度からはそれを手直しして利用することで作業が簡素化されています。学校側との情報や資料のデータのやり取りもパソコンを使ってメールなどで行っています。ボランティアの皆さんとの連絡方法には、メールの一斉配信によって負担を軽減しています。公民館の文書配布の制度も利用しています。保護者には子どもを通じた連絡も可能です。ただ年配の方には電話や文書が必要な場合もあります。また、特に参加してほしい支援や会議、研修会の場合には、ただメールや文書だけでなく、直接電話連絡をする方が効果的です。作業や連絡などは他のボランティアさんや校内連携コーディネーターの先生と分業することで楽になりますので、お互い無理のないように相談して行いましょう。

アクションここをチェック

- ●授業支援の充実を目標にしましょう。
- ●人の縁と地域学校協働活動のタイミングを大切にしましょう。
- ●活動に対する理解を進めるボランティア研修会を有効に活用しましょう。
- ●活動でのトラブルには迅速に対応しましょう。
- ●様々な連絡方法を検討して負担軽減しましょう。
- ●ボランティアとの重要な連絡は手間を惜しまないようにしましょう。

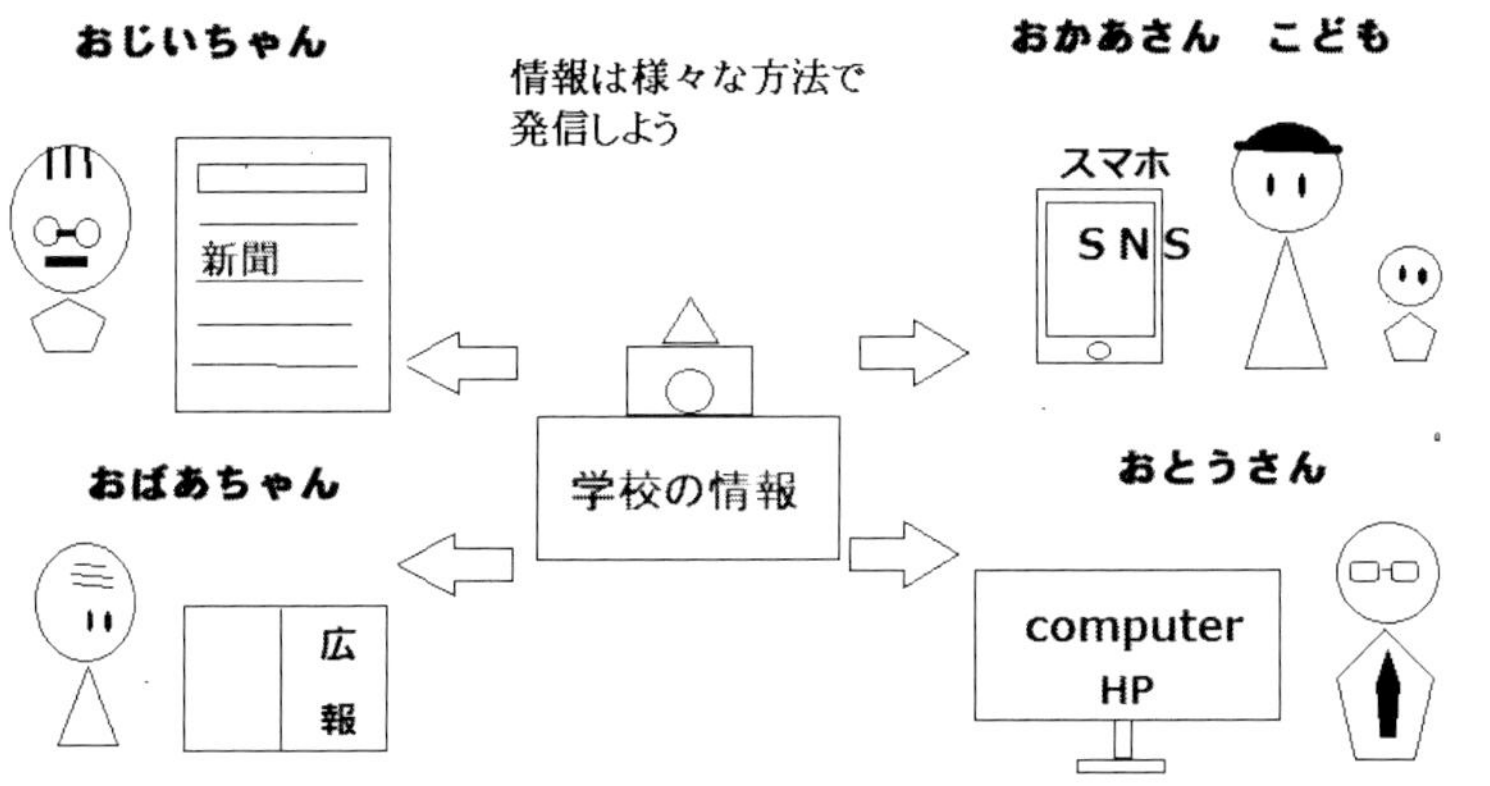

図５　情報の共有化

５．地域コーディネーターのインフォメーション

①情報発信の手立て

地域コーディネーターの大切な役割の一つは、さまざまな情報(Information)を集め発信することです。コミュニティ・スクールとして、教育目標や学校運営、運営協議会の内容やボランティアの募集、学校支援の様子など、地域の住民への情報発信をして、情報共有することが大切です（図５）。

ボランティアの募集は、もちろん広報だけでは十分ではなく、個人的に声掛けが必要です。それには、ボランティアを募集していて、どんな活動をしているのかということを地域の人が知っているだけでも声掛けしやすくなります。広報の方法は、紙媒体で発行する学校独自のもの、ＰＴＡが発行するもの、公民館や自治会が発行するものなどがあり、さらに学校や協議会のホームページ、ＳＮＳなどを利用する場合もあります。

かつて美麻地区では、学校だより、ＰＴＡ新聞、自治組織の広報を別々に発行していました。しかし、現在は住民手作りの地域づくり広報紙に学校、ＰＴＡ、自治会、市役所の支所の情報を一つに編集・作成し、自治会を通じてほぼ二か月に一度配布されています。こうすることで、手間も記事重複も経費も無駄がなくなり、効率よく情報発信ができるようになりました。美麻地域づくり会議では、双方向の情報交流を重視しており、編集用パソコンやソフト、印刷機、紙折り機などを常備しています。また、ホームページやフェイスブックなどのＳＮＳも利用しています。さらに新聞などのメディア、地元のケーブルテレビなどの利用も積極的に活用しています。また、地域の文化祭で中学生が総合学習の発表を行い、地元の人たちの協力を紹介することによって、学習に協力した人たちにやりがいを感じてもらっています。このように、情報発信はいくつかの方法を複合的に利用することで効果が増します。

②気づきの情報共有

授業支援を進めていくと、本来の目的以外の効果や課題に気づくことがあります。こうした気づきを他のボランティアに知らせたり学校運営協議会で報告していくことが重要です。活動の意義や社会貢献という認識が高まり、主観的幸福感が高まるからです。（第一章 6．エロスと主観的幸福感に溢れたまちづくり p18 参照）

美麻小中学校では、図書館司書が他校との掛け持ちにより蔵書整理が間に合わない、とボランティアによる支援を頼まれました。こうした経緯から保護者のお母さんたちが蔵書整理をしていると、驚いたことに子どもたちの図書館利用率がとても上がったそうです。その原因は、蔵書整理をしているお母さんたちが本の内容を知り、それを子どもたちに話し、子どもたちはそれを聞いて新刊書が入ってくるのを心待ちにしているという循環が生まれたからだそうです。このことは、まったく予想しなかったことで図書館司書の先生からとても感謝されています。

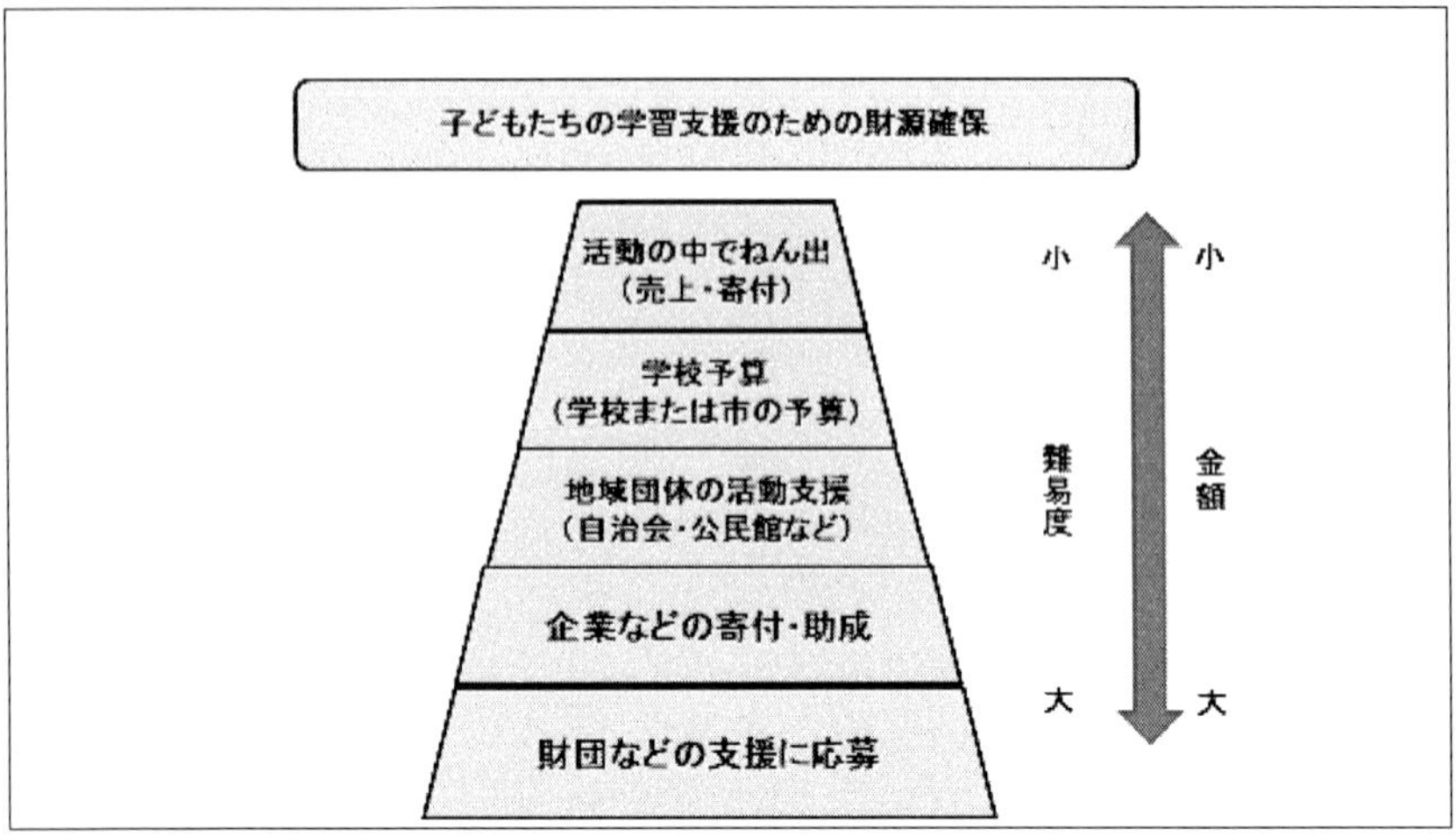

図６　必要な活動資金を考えるチャート

③活動資金をつくる

地域学校協働活動がより活発になると、授業支援でも環境整備でも時には資金的な支援が必要な場合がでてきます。こうした支援の活動を進めるかどうか地域コーディネーターが議題として提起し、学校運営協議会やボランティアの会議の中で協議します。このような場合を想定して、助成金など財源のための情報を普段から気を付けて集めておくと役に立ちます。

活動に必要な財源を確保するために、行政や団体・企業などの助成金を申請したり、地域の自治会や住民自治組織の資金、企業による支援などを考えたりすることも一つのアイデアです（図６）。そのための申請に関するノウハウというものがあります。一般的にコーディネーターはこのようなノウハウをもっていないので、行政職員やＮＰＯの職員などに相談したり、経験のある人に手伝ってもらったりすればよいと思います。助成金を獲得できた場合、その活動報告を提出することによって、子どもたちと地域の協働による学校づくりやまちづくりが広く発信され、評価されるチャンスにもなります。

美麻小中学校では、コミュニティ・スクールとしての予算とは別に、財団などの教育のための助成金を学校から申請することもあります。また美麻地域には、住民自治組織が総会や役員会での協議をもとに計画する学社融合事業の助成金があります。実はこうした助成する財源に関しては、先生方はあまり知らない場合があります。地域コーディネーターがその情報を副校長先生や校内地域連携コーディネーターの先生にアドバイスします。子どもたちは「ゆるきゃら」の製作、ミニコミ誌の発行、特産品の商品化とＰＲ活動に関わる経費の予算請求を地域学校協働本部の組織へプレゼンし、それに基づいて予算を確保しました。これらは、地域づくり活動の経験をもとに得た情報や市の市民活動サポートセンターなどの助成金情報をもとに、必要に応じて財団などの助成金を探して申請し確保しましたが、予算に関しては前年度から詳細な計画を立てて申請する必要があります。作業は計画性が必要ですが、より有効に子どもたちの夢を実現するような活動に役立てることができます。

インフォメーションここをチェック

- 様々な方法を組み合わせ情報発信しましょう。
- 情報発信によりできるだけ多くの人と情報共有しましょう。
- 支援活動の中で気づいたことをみんなで共有しましょう。
- 必要に応じて助成金などの活動資金の情報を集めておきましょう。

図７　麻野だいまる君のデザイン

写真10　麻野だいまる君の着ぐるみ

総合学習の中で子どもたちが美麻のゆるキャラを作りました。

名称は麻野だいまる君。コンセプトは「麻の服を着た平安時代の農民」イメージは「きもかわ（ちょっと気持ち悪くて可愛い）」だそうです。

6. 地域コーディネーターのリフレクション

①必要な気配りや気づき

地域コーディネーターは学校での教育活動を通じて、さまざまな「気づき」に出会います。それを振り返り(Reflection)ながら常に向上心をもって活動することが大切です。

地域コーディネーターには「気配り」が大切です。例えば、先生方には、どのように関われば負担にならないかを考えます。また、保護者や地域からの情報はそのまま伝えるのか、どこまで伝えるかも考えます。多様な子どもたちに対してはどう接して、どのような支援が必要なのか見極めることが必要です。ボランティアにはわかりやすく支援内容を伝え、楽しく活動ができるように配慮しモチベーションが下がらないようにします。また活動で感じた課題などの情報を集めておきましょう。実際の活動の状況と課題を把握し、先生方やボランティアと振り返りながら、問題解決していくことが良い活動につながっていきます。

美麻小中学校では、気象通報を天気図に書き写す理科の授業支援がありました。授業後の振り返りで、時間がかかる天気図を書く授業よりも、書いた天気図に等圧線を入れながら天気の変化を考える授業をやった方が、ボランティアの経験がいかされ、もっとよい授業になってよかったという結論になりました。どのような授業支援がより役に立つのか、リフレクションしながら次につなげることも大切な役割だと思います。

P　授業支援の計画と打ち合わせ
↓
D　支援授業の実施　（コーディネーター）見守り
↓
C　授業後の成果の振り返り
↓
A　次回の授業への改善点の反映（→Pへ戻る）

表10　ボランティアによる授業支援のＰＤＣＡサイクル

②継続的な関わりの大切さ

学校の先生方が異動していく中で、地域コーディネーターは、唯一継続的に一つの学校と関わることができる存在です。ですから、ある程度の期間に渡って継続的にコーディネーターを続けることが必要だと考えます。そうすることによって、学校運営や地域学校協働活動を長期的に見ることができます。そして、さまざまな教育活動をリフレクションすることで、良いところを引き継ぎ、問題点は改善するというスタンスで、校長先生や教職員と協議することができます（表10）。先生方の異動によって、これまでやってきたことができなくなったなどという話を時々聞きますが、それは学校運営協議会が十分に役割を果たせていなかったと言わざるを得ません。学校運営が継続的で前向きに進むように地域コーディネーターは、常に働きかけてゆくことが大切です。コミュニティ・スクールの成果は、地域学校協働活動がどれだけできたとか、ボランティアが何人いるとかそういうものではなくて、学校と地域の協働により子どもたちにどれほど良い変容・成長があったかどうかという事実です。美麻小中学校では、継続的に地域学校協働活動に関わってきた地域コーディネーターが、年度当初の職員研修の時間にその経緯や成果を説明しています。こうすることで、転任されてきた先生方も現在行われている地域学校協働活動への理解を深めています。

③軌道修正

地域づくり活動や公民館活動が活発になると、時には地域からの押し付けになるような事例がみられることがあります。休日に先生が休みを返上して行事へ参加したり、子どもたちは地域の要求にやらされ感でいっぱいだったりで、不満感・負担感が徐々に蓄積されていきます。地域コーディネーターが留意する点は、地域学校協働活動を計画し、実行するとともに、企画運営したものが独りよがりになっていないかという振り返りを行うという点です。教育の主体は子どもたちであり、授業を進める主体は先生であって、コーディネーターが勝手に授業の目的を逸脱した支援をするというのはいただけません。普段から先生や子どもたちとも振り返りを行い、必要度が高くない活動とわかれば、それは見直すということを認識し軌道修正することが大切です。先生にとって、地域とかかわることはその準備・打ち合わせも含め、結構労力がかかるものです。しかし、本当に子どものためにやる意義を感じたら、負担感よりやる意義が上回り、一生懸命に取り組んでくれます。その状況を読み取るのも地域コーディネーターの役割だと言えます。そのためには、先生や子どもたちの本音を気軽に聞ける関係を維持するように心がけましょう。

美麻小中学校では、地域文化祭に中学生が主体的に参画し、総合学習の発表が行われています。これは時間をかけて地域と学校が話し合い、教育上有効だと判断されて授業の一環として行なわれていることです。

- 学校に地域の人が良く来るようになった
- 学校がきれいになった
- 子どもや先生、地域の人が挨拶をするようになった
- 子どものコミュニケーション能力が高まった
- 子どもが地域のことを思うようになった
- 地域の人が子どもを褒めるようになった
- 生徒が増えた

表11　美麻でのコミュニティ・スクールによる学校と地域の変化

④学校運営協議会での共有

地域コーディネーターは、地域学校協働の計画書や報告書を作り、学校運営協議会で報告します。例えば一年の初めに計画、中途で経過、最後に活動の評価を報告することが丁寧だと思います。その中で効果や子どもの変化、課題などについて協議し、情報を共有することが重要です。そのために活動を振り返り、起こった変化や良かったこと、逆に課題などをボランティアから情報として集めておきます。

美麻地区で一〇年ほど前、子どもたちを対象に行った「将来も美麻に住みたいですか」というアンケートの結果は、「住みたい」はほぼゼロでした。この地域は移住者に人気があり、その理由は自然環境や景観、地域の人間関係の良さによる安全安心感などが挙げられます。しかし、子どもたちは全く違う目線を持っていることがわかりました。さまざまな商業施設や娯楽施設がある都会に住みたいと思っているのかもしれません。この地域にどのような魅力やお宝があるのか、地域に住んでいながら地域のことをよく知らない子どもが大勢いたのです。このアンケートを通じて、「お宝以外にも、どのような人が住んでいて、どういう仕事をしているのか、もっと多くの地域の情報を伝える必要がある」という課題を共有し合いました。

コミュニティ・スクール設立準備委員会の折の講演でお聞きした信州大学教育学

- 地域に学ぶ授業が始まる
- 地域の支援ボランティアが関わり始める
- 子どもがやりたいことを自由に選んで学ぶ
- 地域の文化祭で子どもが学習発表する
- 地域が協働し子どもたちの目標をかなえる予算づくりを始める
- 単年度計画の授業から２年計画の授業になる
- プロによるプレゼンの授業が始まる
- ３年計画の授業になる
- ポスターセッションによる発表を取り入れる

表12　美麻小中学校の総合学習美麻市民科の授業改善の流れ

部伏木久始教授の言葉に、「全国標準型の教育が若者を都会へ向かわせてきた」というのがありましたが、まさに「地方には地方の教育を実現する必要性」が美麻小中学校の学校運営協議会では委員共通のテーマの一つとなっています。

⑤リフレクションの反映

繰り返しますが、コミュニティ・スクールでは地域とともにある学校づくりのため、地域の意思が学校運営に反映されることになります。ではどのように地域の意思が教育に反映されていくのでしょうか。

実際にボランティアが教育現場に関わり、感じたことを地域コーディネーターに報告します。地域コーディネーターはボランティアの意見を集約してリフレクションします。そして課題があった場合、学校運営協議会の議題として取り扱われ協議しその対策を練って提言し、学校運営に反映させるのです

美麻小中学校では、美麻市民科（いちみんか）と名付けられた総合学習があります。七年生から九年生の三年間を継続的に、地域課題を大テーマに自分たちのやりたいことをグループごとに小テーマを決めて学びます。この授業は、ボランティアの意見を基に、毎年少しずつ先生

たちと協議し改善してきました。例えば、学習内容を地域の文化祭で発表し、単年度から三年間を通して学ぶカリキュラムにする、プレゼンテーション能力を上げるために専門家を招く、などが改善された点です（表12）。こうした活動を通して「地域に役立つことをしたい」という思いを語る子どもたちが増えてきました。

先輩たちが地域を思い学び、後輩たちを思いやる姿を見ていて、七年生で行う立志式では、「〇〇先輩のようになりたい」という発表をする子どもたちが増えてきました。今、注目されている「課題を発見し考える力、関わる力、そして表現する力」が育ち、子どもたちの気づきや気配りの力を感じる場面が多くなりました。

⑥支援から協働へ

学校支援の取り組みが進むと、地域の皆さんが子どもたちと共に学ぶ、地域と学校が協働するという事例が増えてきます。総合学習での子どもたちの取り組みが、地域活性化につながったり、清掃活動で地域がきれいになったり、お年寄りとの交流が増えたり、運動会や文化祭がともにおこなわれるようになる地域もあります。

美麻小中学校では、中学生が地域の文化祭へ参画し、企画、進行、総合学習の発表や番組作りも行っており、参加者が増えたり、企画が多彩になったりして公民館や地域の皆さんにも大変喜ばれています。さらに、地域と学校の運動会も同日開催を目標に話し合いが進められました。総合学習では、住民自治組織「美麻地域づくり会議」やボランティアとの協働により、地域のゆるキャラを作り、花豆を特産品化し、商店の協力のもとにお菓子やパンなどの商品化や地元だけでなく東京での広報活動をしました。また地域を紹介するミニコミ誌やパンフレットも発行しました。さらに総合学習での学びと地域行事、学校や保育園の行事がすべて掲載されたコミュニティカレンダーを「美麻地域づくり会議」が製作し毎年発行、地域で活用しています。

写真 11　美麻小中学校コミュニティカレンダー（美麻地域づくり会議発行）
総合学習の成果が掲載され、学校、保育園、公民館や地域の行事、祭り、ゴミの日など、地域の情報が集約され自治会を通じ全戸配布されている。会議で予定を決める際には予定がブッキングしないようによく使われ、地域の方は、子どもたちの活動を知ることができる。協賛企業による温泉入浴券が付いている。

⑦学校と地域の変化

地域コーディネーターとして学校と地域をつなぐ役割を担い、行ってきた活動の振り返り、改善、実行を何年も継続していると、学校や地域に変化がみられることを実感します。おそらく地域コーディネーターは、そのことを誰よりも感じることができ喜びになり、そしてやりがいになります。こうした成果を学校はもとより地域内外へ発信し、コミュニティ・スクールの意義をアピールすることも地域コーディネーターの大切な役割です。

美麻地区では平成の大合併後に住民自治組織を立ち上げてこの一二年間地域づくり事業を行ってきました。そこでは中山間地の少子高齢化の地域であることから、多世代に事業に参加してもらえることが課題でした。学校や子どもたちを巻き込んだまちづくりは、事業への参加者の範囲が三世代に広がります。美麻地域において、コミュニティ・スクールはそのような背景の中で生まれました。今、多くの子どもたちはまちの課題を理解し、それを何とかしたいと考えています。また、将来も美麻に住みたいという思いを持って、さらに地域のお年寄りたちも子どもたちと関わって子どもたちの活動への理解が深まっています。その結果、お互いを思いやり、まちを思う人が増えてきました。このことは外部からも評価されています。ここに住みたいという人が増えてきたことが何よりものエビデンスです。

現在の地方の状況を見ると、過疎や少子高齢化の危機感を確かに感じます。しかし、今、この地域の将来には世間で言われるほど危機感を感じません。全国で同じような悩みを抱えている地域のモデルになれればと思っています。

リフレクションここをチェック

●地域コーディネーターに必要なのは気配りと気づきです。
●継続的な関わりができるコーディネーターとして振り返りを大切にしましょう。
●学校への押し付けになっていないか負担になっていないか振り返りましょう。
●学校運営協議会で振り返りの共有をしましょう。
●リフレクションを教育に役立てましょう。
●学校や地域の変化をとらえ発信しましょう。

第五章

コミュニティ・スクールを広く・深く

本章では、「広く・深く」として、美麻小中学校以外に目を向けて、特徴あるコミュニティ・スクールの運営や成果が上がったエピソード、さらに海外のコミュニティ・スクールの様子などを紹介していきます。

まずは、全国的にコミュニティ・スクールの先進地域である山口市ではどのように進められているのか覗いてみましょう。長年、地域連携教育アドバイザーとして立ち上げ期から円熟期まで、アドバイスや相談に尽力された長尾彰さんに山口市の概況を述べてもらいます。

1．山口市コミュニティ・スクールの成果と課題

①コミュニティ・スクールへの思い

山口市は、「豊かな暮らし　交流と創造のまち　山口」を掲げ、多様性や暮らしの質を高め、地域住民全世代がかがやくまちづくりを目指しています。コミュニ

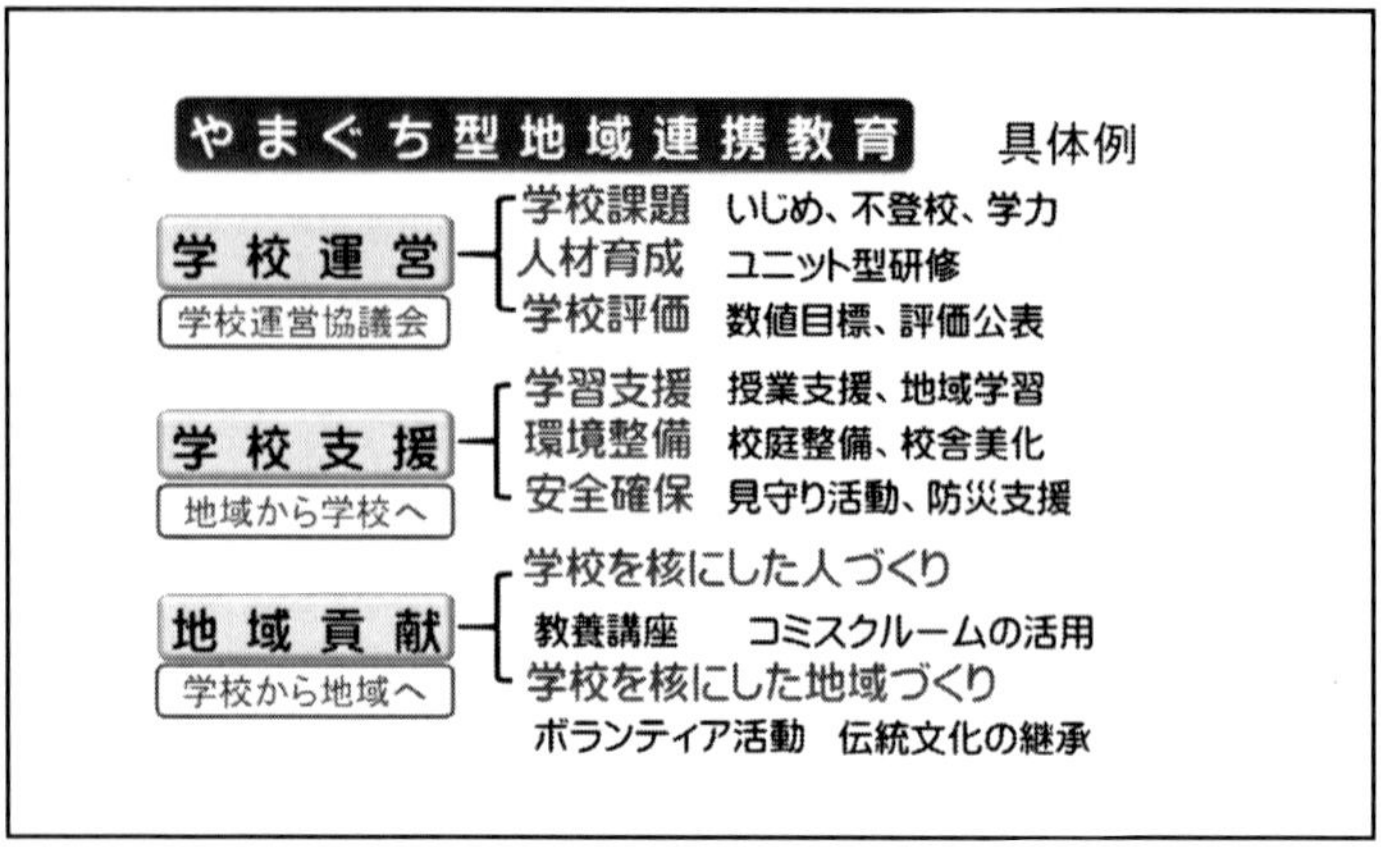

表13　やまぐちの地域連携教育の内容

ティ・スクールには、このようなまちづくりの中で、地域住民の多くが学校運営に参画し、子どもたちの豊かな学びを支えるとともに、学校を核とした地域づくりによって温かい絆で結ばれた潤いのある地域社会を築いていくことが求められています。さらに、コミュニティ・スクールの取組においては、子どもたちの学力だけでなく、社会人として必要とされる「思いやり」、「やり抜く力」、「協調性」、「自制心」、「勇気」など人間力を育む取組を地域全体で支援することが重要であると考えています。

②「やまぐち型地域連携教育」と山口市のコミュニティ・スクール

山口市のコミュニティ・スクールは、山口県が推進している「やまぐち型地域連携教育」の方針に基づき、コミュニティ・スクールと地域協育ネット（地域の支援組織）による一体的な取組により「学校運営」、「学校支援」、「地域貢献」の充実を目指しています（表13）。これらを推進するに当たっては、新たな取組が必要な場合もありますが、むしろこれまで各学校や地域で取り組んできた特色ある活動を生かしながら、子どもたちや地域住民が無理なく受け入れられるように留意する必要があります。

③コミュニティ・スクールのバックアップ体制の充実

山口県では、管内各市町に「地域連携教育アドバイザー」を派遣し、「学校訪問による管理職や学校運営協議会の指導・助言」、「学校や地域へコミュニティ・スクールの周知・啓発」などを行っています。さらに、山口市では独自に「コミュニティ・スクール推進事業」や「地域協育ネット推進事業」を通して、各学校のコミュニ

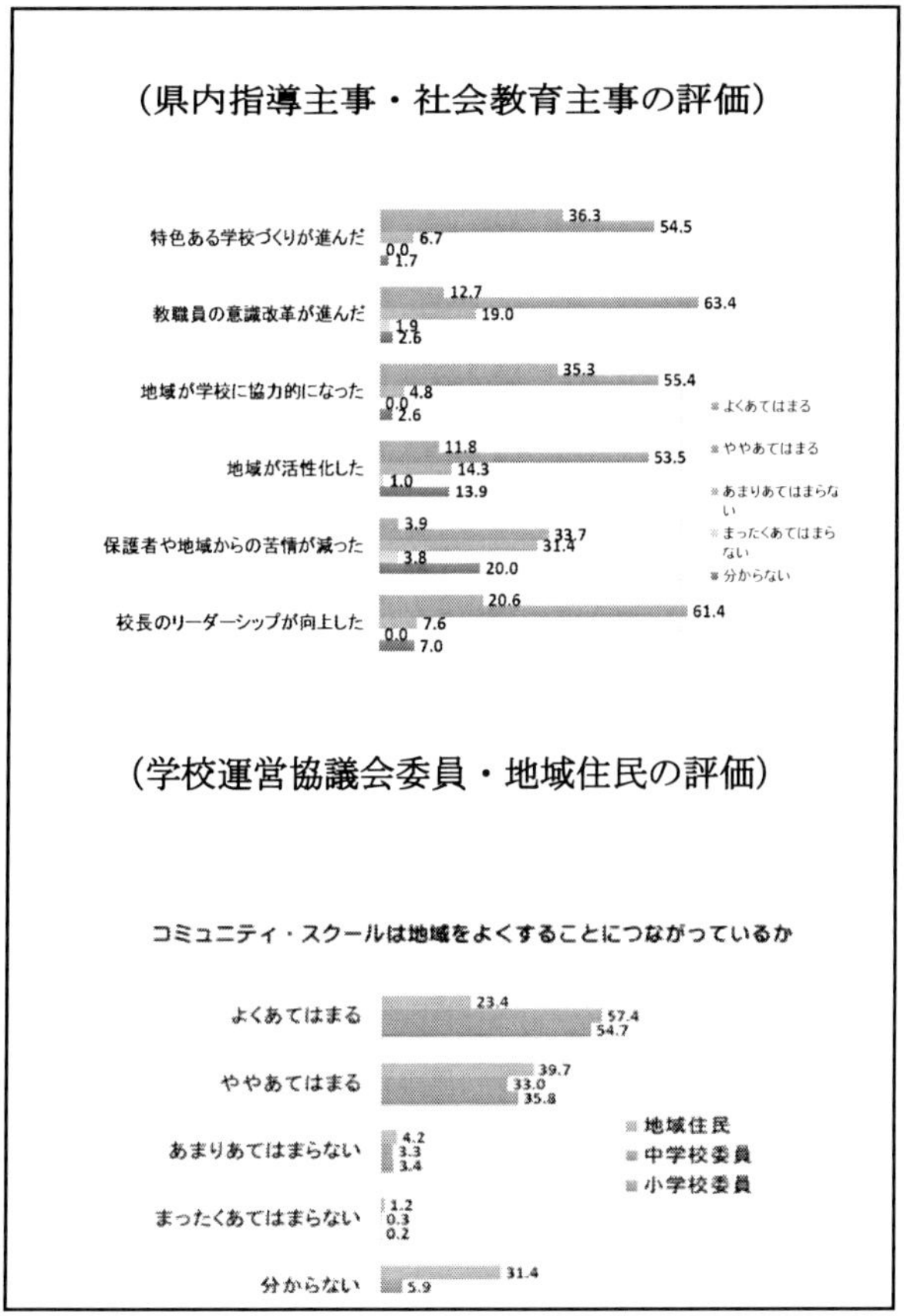

図８　コミュニティ・スクールの成果に関する調査
（山口大学　平成２９年４月）

ティ・スクールへの財政支援や各学校に配置している「地域協育ネットコーディネーター」の謝金などを支援しています。また、学校教育と社会教育の緊密な連携を図るため「地域連携推進室」の設置や人材バンク「やまぐち路傍塾」の充実によって総合的なバックアップ体制の充実を進めています。

④コミュニティ・スクールの成果

県内の指導主事・社会教育主事や学校運営協議会委員・地域住民による評価は図8の通りです。県内指導主事や社会教育主事の評価は概ね良好です。運営協議会委員や地域住民の評価は、コミュニティ・スクールが地域の活性化によくつながっていると高評価を得ています。以下、それぞれの声です。

【学校運営協議会委員や教職員や地域住民の声】

・学校からコミュニティ・スクールについての情報発信が増えてきた。
・学校や地域の特色を生かした取組が推進されるようになってきた。
・学校運営協議会委員の意識が高まり、学校運営に対して意見や提言を述べるなど学校改善に積極的に取り組むようになってきた。
・小中合同での学校運営協議会が開催されるようになり、小中の共通課題や目標を共有することができるようになってきた。
・伝統行事の継承や地域清掃活動、地域行事への積極的な協力など、多彩な地域貢

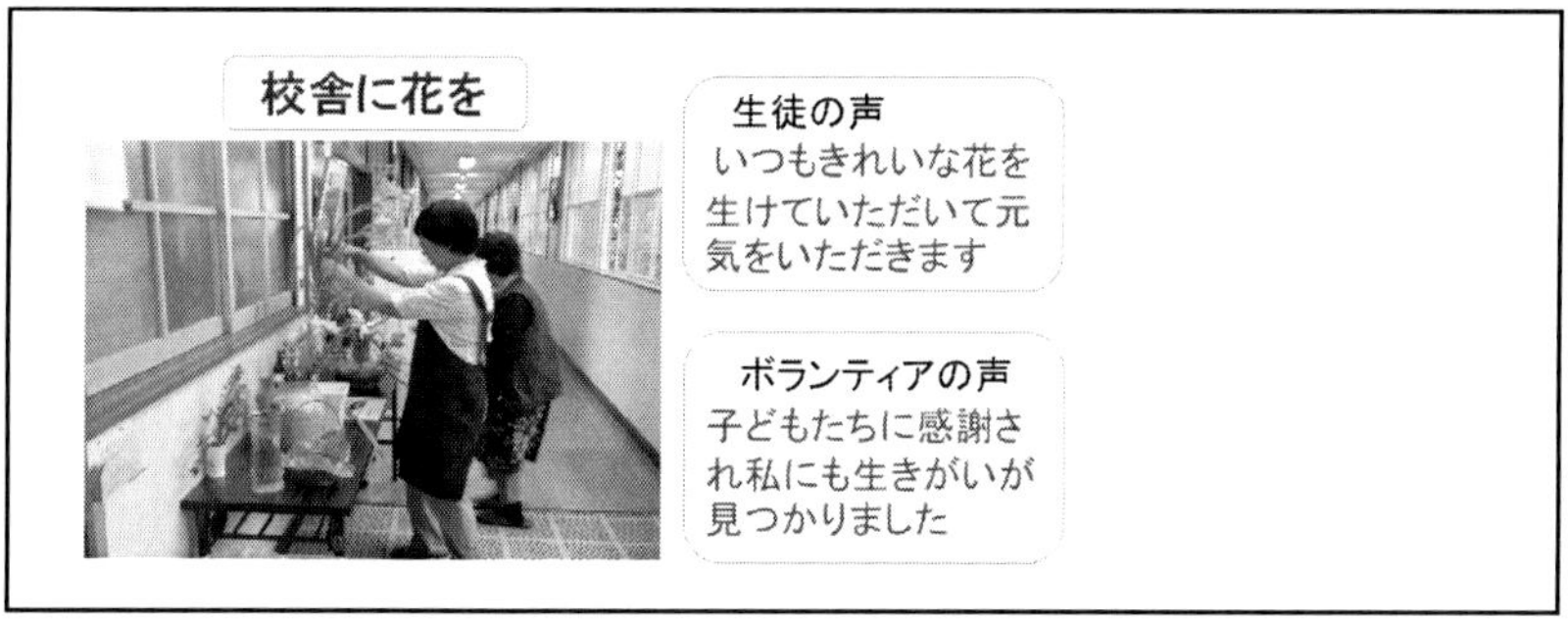

写真12　「校舎に花を」という活動に寄せられた声

献活動が進んでいる。

・学校に地域の方の作品を掲示したり、校内の生け花に地域の方が協力したりするなど地域の方の来校を促進する取組が進んできた。

・地域住民や各種団体が子どもの教育に関心をもち、学校を支援し、協力するようになってきた。

・小学生の学習支援などに地域住民や地域団体、高校、大学など多くの団体が関わるようになってきた。

・校庭の除草作業や芝生の整備など、地域が積極的に関わって学校を支援する体制が進んでいる。

・地域の行事へ子どもの参加が増え、地域住民と協働したボランティア活動が活発になり、地域住民から感謝の声が聞かれるようになってきた。

・コーディネーターの活動により、教職員の負担が軽減されたという声が聞かれた。

【子どもたちの声】

・私たちの地域貢献活動が、地域のために役に立ち感謝されていることがうれしい。

・地域行事にボランティアとして参加したが、地域の方に期待されていることがわかった。これからは自分たちの力で地域を支えていけるようにしたい。

【校長先生の声】

・子供たちと地域の方の交流が子供たちの人間形成に有効である。

・地域の方が子供たちを一層可愛がるようになり子どもたちに自己有用感、地域への役立ち感が芽生えた。
・地域貢献で地域づくり、地域の活性化に一役買った。学校への信頼が深まり、地域が協力的になった。

【教職員の声】

・ふれあい体験などを通して、地域の方や乳幼児、母親が学校に来られることによって、子どもたちの表情が明るくなった。
・子どもたちが地域にプライドをもち、地域の中で育てられているという実感をもつようになった。

【地域住民、保護者の声】

・家にこもりがちな高齢者にとって、学校支援が外出する機会となり、子どもたちとの交流によって気持ちが元気になる。
・学校において子どもたちを教育するのは先生だけでなく地域の大人も関われるのだと小さな自信がついた。
・子どもたちのためでなく自分のためと思うようになった。

⑤学校づくりと地域づくりの好循環

「学校支援」は、学校を活性化し「学校づくり」を目指していると同時に、学校

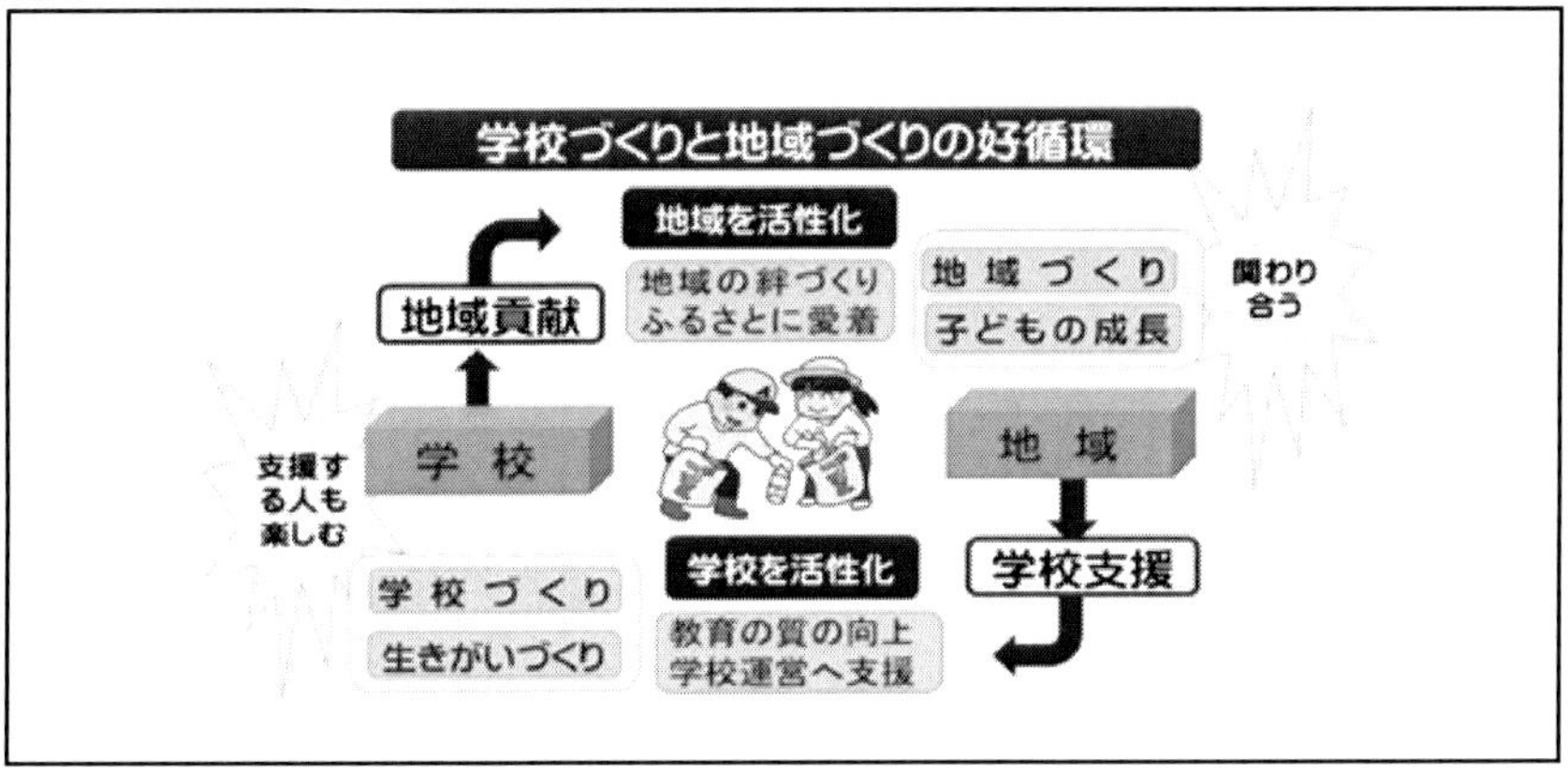

図９　学校と地域で好循環が生まれる

を支援する方の「生きがいづくり」にもつながっているといえます。「地域貢献」は、子どもたちによるボランティア活動や伝統行事の伝承など地域の活性化と地域の絆を深めるための「地域づくり」の活動になっています。

このように「学校づくり」と「地域づくり」は相互に補完しあい、好循環の中で子供の豊かな成長をめざしているといえます（図９）。

⑥コミュニティ・スクールの課題

山口市のコミュニティ・スクールが今後とも持続発展していくために、さまざまな課題をどう乗り越えていけばいいのか教育委員会はもとより各学校運営協議会や校長、地域住民が知恵を出し合っていくことが重要になります。そこで以下、六点について述べていきます。

【一点目：校長のリーダーシップとマネジメント能力の向上】

学校運営協議会が自立すれば、教職員の異動があっても継続的に学校運営が行われるという意見もありますが、基本的には校長の資質・能力にかかっているといえます。そのため、校長は学校運営協議会や地域との関わりについて、これまで以上にリーダーシップやマネジメント能力を発揮することが必要となります。

【二点目：学校運営協議会の活性化と自立】

運営協議会委員が協議・熟議などを通し積極的に学校運営に関わり、学校任せではない自立した体制を構築することが運営協議会のマンネリ化を防ぐために重要です。そのため、運営協議会委員や地域協育ネットコーディネーターが主体的に事務処理を行ったり地域住民や保護者に向け情報発信したりする必要があります。

【三点目：学校を支援する組織（地域協育ネット）の充実】

具体的に学校を支援するためには予算や人材、各種団体の協力などさまざまな支援体制の充実が必要となります。特に、身近なＰＴＡや「地域づくり協議会（市内に二一ある地域の自治組織）」との連携強化が今後の課題といえます。

【四点目：地域協育ネットコーディネーターの資質向上】

地域、行政と学校の連絡を密にするためには、専門的に調整する人材（地域協育ネットコーディネーター）の役割が重要と思われます。現在、さまざまな研修を行っていますが、地域のネットワークの活用能力の向上や日常的な教職員との連携が求められています。

【五点目：小中連携と地域カリキュラムの充実】

それぞれの学校の独自性を残しながら、小中九年間の育ちを見すえた教育を推進するため、中学校区で課題を共有し、地域連携カリキュラムによる一貫性のある取組を地域に公表することで、地域の協力が得やすくなることが期待されます。

【六点目：教職員によるコミュニティ・スクールのさらなる理解】

地域と連携した学校運営や教育活動がこれからの学校づくり、地域づくりに効果的であるという意識が教職員にはまだ十分とはいえません。今後とも教職員研修の充実によるコミュニティ・スクールへの理解が必要と思われます。

（文責：長尾　彰・山口市地域連携教育アドバイザー）

2．教育困難校再生　地域コーディネーターとの協同

本節では、長きにわたる地域との連携によって、教育困難校をコミュニティ・スクール的手法により、学校再生を果たした事例を山本礼二元校長先生から述べてもらいます。

①「壇上から飛び降りて生徒を叱りつけたい」「穴があったら入りたい」

今から十数年前、私はリオ・デ・ジャネイロ日本人学校の校長として派遣され、三年間の任期を終え帰国しました。着任した学校はいわゆる「荒れた学校」でした。教育長からの辞令交付の折、「少し大変な学校ですが、校長先生の力で学校の再生をお願いします。教育委員会としても全面的にバックアップしますから。」とのことばの意味が、着任と同時によく理解できました。

当時の文部科学省の調査である「児童生徒の問題行動等生徒指導上の諸問題に関する調査」結果を見るに、ほぼ全ての項目においてA市内はもとよりB県内でもワースト三に入るような状況でした。日記には、午前中の始業式では「壇上から飛び降りて生徒を叱りつけたい」、午後の入学式では「穴があったら入りたい」と記されています。

それは、次のようなことがあったからです。

始業式で体育主任の先生が、何度も号令をかけてくれましたが、一向に整列はしない、私語は止まない、という状況でした。私が壇上で始業式の言葉を述べていても、ほとんどの生徒は聞いている様子も無く相変わらず私語が止まない状況に、何と校長ともあろう者が「壇上から飛び降りて生徒を叱りつけたい」という気持ちに駆られたのでした。また、午後の入学式では、新入生を迎えるという上級生の気持ちは全く感じられない喧騒の中での式でした。私が日本人学校から戻っての式ということで、市長さん、教育長さんも参列してくださいましたが、余りの騒がしさに「穴があったら入りたい」という気持ちになったのでした。

調査資料などから、学校課題のいくつかが見えました。課題の一つに「不登校」問題がありました。そこで、不登校者リストから新二・三年生の自宅に、始業式前一軒一軒私は家庭訪問をしました。不登校の理由の多くは、「遊び非行型」でしたので、会えない生徒がほとんどでした。「今度新しく本校に来た校長です。あなた

に会いたいので、一日も早く学校に顔を出してください。」といった内容のメッセージをポストインしたのでした。

N中学校は、それまで問題行動を起こす生徒は、できるだけ学校に来させない雰囲気がありました。また、いじめや問題行動が頻繁に起こるため、不登校も多かったのだと思います。どんな子にも学校に来させる指導を強く勧めたことから、問題を起こす生徒も登校するようになり、ますます問題行動は頻発するようになりました。先生方からも授業がやりにくくなった、消極的な生徒指導が多くなったなどの声が聞かれましたが、「どの子にも教育を受ける権利を」との考えを先生方に粘り強く説明し、一人一人の生徒のよさを発見し伸ばす教育への転換を図りました。

②「N中学校区幼・小・中・高合同コンサート」の実施

学校再生のため、多くの取組を精力的に行いました。その取組の一つに、コミュニティ・スクールの考えを取り入れた「N中学校区幼・小・中・高合同コンサート」の実施があります。N中学校区には、小学校が三校と県立高等学校が一校ありました。また、幼稚園や保育園も数園ありました。心が殺伐としている子どもたちに、優しさと豊かな心を醸成するにはどうしたらよいか、何日か熟考を重ねました。N中学校の吹奏楽部を中心にコンサートを開催し、N中学校の生徒や校区の児童は勿論、地域の方々にもたくさん聴きに来てもらったらどうかとの考えに至り、学区内の小学校長との話し合いを何度も行い、開催ができるようになりました。

第一回は、小学校二校と高等学校一校の参加により開催できました。第三回からは、地元の大人の団体からの参加も実現しました。この三回まで私は他の中学校に転勤となりました。しかし、このN中学校区合同コンサートの開催趣旨は、後任の校長先生やコーディネーターである実行委員長さんたちの理解により、第四回以降も開催されました。第四回には、幼稚園とそれまで参加していなかった残りの小学校一校も加わり、私が思っていました当初の計画の完成年度となりました。第四回~九回までは、幼稚園、小学校、中学校、高等学校、大人の出場団体となり、来校者もそれぞれの保護者はもとより、おじいちゃんおばあちゃん、町会長さんから地域の方々など、N中学校区の一大イベントとなりました。出場者及び来校者を合わせた参加人数は、初回が約五百名ほどでしたが、第一〇回では一〇九八名と千名を超すほどになりました。しかし、第一一回以降からは、参加団体や来校者も減り始め、第一二回の参加人数は六〇三名になってしまいました。そして、第一二回を最後にN中学校区幼・小・中・高合同コンサートは、ついに終わりを遂げました。

③取組の成果

不登校生徒数が赴任前年度三〇人でしたが、初年度で二一人に減るなど、ほぼ毎年三割ずつ減少し、三年間で市内でも最も不登校出現率の低い学校になりました。また、喫煙指導が無くなり、いじめや授業妨害、器物損壊なども激減するなど、問題行動による事後指導としての生徒指導から、予防的な生徒指導への転換も図れるようになりました。

いわゆる「荒れた学校」が落ち着きを取り戻せたのは、コミュニティ・スクールの考えを取り入れた「N中学校区幼・小・中・高合同コンサート」の開催が大きかったと思っています。連日のように生徒指導に明け暮れていたN中学校に、地域にお住まいの幼児からお年寄りの方々までがコンサートに来てくださったことや、合同コンサートの様子がテレビで放送されたことなどから、子どもたちの心に「自分たちだってやればできる」という自信のようなものが芽生え、問題行動が激減し、授業態度や生活態度も一変するようになったと考えています。

④コミュニティ・スクール成功の鍵は校長とコーディネーター

合同コンサートは、コミュニティ・スクールの考えを取り入れての実施を試みました。しかし、実行委員のコミュニティ・スクールの趣旨の理解、参加団体の開催目的の理解などにおいて、多くの困難がありました。このようなことから、初回はコミュニティ・スクール実行委員会組織での開催を念頭におきつつも、全面的に校長主導になってしまいました。第二回以降は、コミュニティ・スクール実行委員会組織での開催を試みました。当初実行委員長・副委員長には、当時のPTA会長と副会長になっていただきました。私が転勤した後からは、このお二人がコーディネーターとして毎年関わってくださいました。このお二人がいなかったら、一二年間という長きにわたっての「N中学校区幼・小・中・高合同コンサート」が続かなかったと思っています。

学校というところは、新たな取組を行うにはなかなかスムーズにはいかないものです。校長の思いや考えを実行に移すには、よき理解者を育て、よき協力者を得ることと、地域の方々との地道な連携の構築が最も重要です。本報告の場合も、よきコーディネーターとの出会いが成功の鍵だったと思っています。

コーディネーターのKさんとMさんに、一二年間という長きにわたりN中学校合同コンサートが開催し続けられたことや、開催に際しての苦労、コーディネーターの在り方などについて話を伺いました。

実施上の苦労について聞いたところ、毎回のようにさまざまな問題があり、実施するにはそれなりの覚悟がなければ実施できなかったと思っています。二人とも

「荒れていたN中学校」の実態をよく知っていたことや、本事業実施を通じてN中学校がどんどん良くなっている様子が感じられるようになったことがエネルギーとなり、長く携わることができたのではないかと話してくれました。また、継続できたことについては、後任の校長先生方に事業の目的やこれまでの様子を説明したところ、理解を示し協力してくれたことが最も大きな要因だったのではないかとも話してくれました。さらには、二人ともN中のPTA会長経験者であり、N中学校の荒れた時代の様子を理解していたこと、本事業の趣旨を十分理解していたことなどから、このコンサートを一年でも長く続けなければならないという使命感にも似た気持ちが強かったことなどもあげられるとの話しから、コーディネーターの存在の大きさを痛感しました。

もう一点重要なことも話されました。コンサートの開催には楽器の運搬代や、会場の装飾費用、ポスターの印刷代などかなりの事業費がかかりますが、規模が大きくなるに従い事業費の捻出にも苦労されたそうです。コーディネーターの二人とも、地域に長年住んでおられた方なので、各町会長さんに寄付のお願いを校長先生と一緒に回ったところ、どの町会長さんも快く協力してくださったそうです。毎回の町会からの寄付は、本当に助かりました。そして、毎年コンサート実施前後に校長先生と町会長さんのところに挨拶回りをしたことが、各町会と関係学校との深いつながりに発展し、コミュニティ・スクールとしてのコンサートを実施してきてよかったと思っています。と話してくれました。

⑤事業終了の鍵も校長

一二回で終了した経緯についても伺いました。

本事業の開催趣旨は既に達成されたのではないか、もう実施しなくても学校が落ち着いているのではないかという考えが、回を重ねるごとに小学校校長はもとより音楽担当教員の中にも芽生え始めていったそうです。コーディネーターとして、このような雰囲気を払拭する努力を行い、何とか一二回まで実施できましたが、一〇回あたりを境に一段とその雰囲気を強く感じるようになったと述べています。参加校の校長先生から、本事業に対する非協力的な意見が多く出されるようになりました。そして、第一二回の実施に際し、ある校長先生はこれまでどの校長先生も行っていました関係町会長さんへの挨拶回りを渋ったり、各学校の負担金の支払いに非協力的な意見を出すようになり、N中学校の校長としてもこれまでの形での開催を強くお願いすることを断念し、本事業の中止を決定したとのことでした。

校長の姿勢によって、長年培われてきた地域との連携も、一瞬にして崩壊してしまう現実を目の当たりにしました。

⑥終わりに

コミュニティ・スクールの成功には、様々な点が考えられますが、本報告から次のようなことがいえると思っています。

校長のリーダーシップとコーディネーターとの連携が最も重要です。また、実行委員のみならず地域住民や保護者等にも事業の運営に積極的に参画してもらうことにより、自らの学校の認識を深めることや自分たちの力で学校をより良いものにしていくという、当事者意識を高める取組にする必要があります。さらには、それらの活動を支えるための予算の確保や効率的な運用が、成功への重要な鍵となるように思います。

文部科学省の調査によりますと、コミュニティ・スクールの数が、平成三〇年四月一日現在五四三二校で、毎年増え続けていると報告しています。特に平成二九年の「地方教育行政の組織及び運営に関する法律」の改正により、学校運営協議会の設置が努力義務化されたことから、全体の三割にあたるにあたる五三二市区町村及び一八道府県の教育委員会学校運営協議会を導入しており、増加傾向にあります。全ての学校が、積極的にコミュニティ・スクールの導入を実現し、保護者や地域住民が学校運営に参画するような、地域の力を学校運営に生かす「地域とともにある学校づくり」を推進されることを願っています。

（文責：山本礼二・目白大学教授）

3．豊かな学びを生み出す校内コーディネーターの役割と育成
「地域連携で授業を意味あるものにするために」

ここまでは、コミュニティ・スクール運営のカギを握る「地域コーディネーター」という地域の方を対象とした「あり方・進め方」について述べてきました。実はそのカギはもう一つ、学校側にあるのです。すなわち、校内において意見や要望等まとめ、地域あるいは地域コーディネーターと協議する校内分掌に携わる教職員です。教頭先生がこの役を受け持つ場合が多いようですが、学校によって、きちんと分掌として位置付けているところもあります。呼び方もまちまちで、「地域担当主任」「地域連携担当」などありますが、本節では「地域連携校内コーディネーター」（以下、校内 Co）と呼ぶことにします。年度当初「校内 Co」に任命された先生方を想定して、その在り方・進め方を、教職大学院で研究してきた徳永吉彦先生に述べてもらいます。

①地域連携校内コーディネーター（校内 Co）って何の役目があるの？

学校と地域は、「パートナーとして相互に連携・協働していくことを通じて、社会総掛かりでの教育の実現を図っていくことが必要」（中央教育審議会 二〇一五年一二月二一日）であって、お互いの役割を認識し、共有した目標に向かって共に

活動する協働関係を築くことが重要です。とりわけ授業においては、地域連携実践の果たす役割は大きいものがあります。その地域連携の重要性を感じた私自身の実践があります。二〇一〇年度の五年生社会科「日本の米作り」で、教科書の「庄内平野の米作り」を使って農家の工夫や努力の姿に迫りました。しかし、子どもたちが学習後に書いた内容の希薄さから、切実感を持って学んだ実感からは程遠い学びでした。そこで、二〇一七年度に五年生社会科同単元において、地元において自分で販路を開拓しこだわりをもって米作りを営んでいる農家へ焦点を当てた授業を実践しました。その農家の方と協働し、社会見学などを通して、子どもたちは農家の具体的な工夫や努力の姿から、その背景にある思いに心を寄せながら、実感をもって学んでいきました。地域連携の意義は、子どもたちの実感を伴った学びを生み出すことにあることが見出され、地域連携が極めて重要だと分かりました。

その上で、どのような地域連携実践を重ねていくことが子どもの学びにとって重要であるのかを考えた二〇一四年度の私自身の実践を思い出すのです。五年生の総合的な学習の時間において行われている「田植え・稲刈りをしよう」では、地域住民から水田を借用し、例年通り田植え及び稲刈り体験をすることが、暗黙の了解になっています。子どもたちを教師側の意図によって動かし、計画通りに活動が進むことの確認が優先される打ち合わせ会が慣例となっていました。子どもたち自身が田植えや稲刈りに課題意識を持って追究していった体験学習ではないため、地域講

①教員各自で地域講師を見つけて活動を行う場合、その教員の異動とともに活動が終わってしまったり、長続きしなかったりする。
②イベント的な行事になると、学校・地域双方に有用感が感じられない場合が多い。
（以上、長野県教育委員会プログラムガイド３）
③担任等の他の校務が多忙なため、地域連携の業務に携わる時間がとれない。
（2014 年度岡山教育事務所管内「学校と地域の連携に関するアンケート調査（小中学校）」）

表 14　地域の教育力を学校運営や授業実践に生かす上での課題

師から言われた通りに活動するだけになっていました。五年生の田植え・稲刈り体験は、何のために行っているのかの問いは教師にも子どもにもなく、実践が形骸化していたのでした。地域連携実践が、子どもたちにとってどんな学びがあり、そこに向けて教師が手立てとして、どのようなマネジメントを図っていくのかを示さない限り、子どもたちは受け身的に作業をこなすだけの活動となることが見えてくるのです。

未来を担う子どもたちの豊かな成長のためには、社会総掛かりでの教育の実現が不可欠であり、多くの地域の人々が学校に関わるようになれば、より豊かな子どもの学びが生まれることが多方面で指摘されています。長野県は、伝統的にどの学校も地域に根ざし、地域住民に支えられた教育活動が展開されてきました（長野県教育委員会プログラムガイド３）。しかし、授業者が地域の教育力を学校運営や授業実践の中で生かしたいと願ってはいても、そこには表 14 に挙げるような様々な課題が浮かび上がっています。

そこで、地域連携実践を推進する上で、担任の時間的制約の問題、外部との調整不足などに対応するために、校内 Co を置く学校が増えています。校内 Co により地域の教育力を生かした学校教育が充実し、学校全体のマネジメント力の向上を図ることに資する効果があることは、文部科学省も指摘しています（文部科学省　二〇一五年一二月一七日）。校内 Co が授業者と地域コーディネーターや学習支援ボランティアとの間に入り、地域で学び、地域に学ぶ子どもたちの学びを支えるパイプ役となる重要な役割を担っているのです。つまり、校内Coとは、地域コーディネーターや地域の方々と連携を担う教職員のことです。地域連携活動を進めるために、校内Coを校務分掌に位置付けていく学校が増えています。

②校内Coはどんな意識を持っていたらいいの？「校内Coの在り方」

授業者と学校支援ボランティアをつなぎ、形を整えるだけでよいのでしょうか。子どもたちが問いを抱き、その問いを追究していく地域連携実践となるためにはどうしたらよいのでしょうか。学校支援ボランティアを都合よく利用するだけでは、地域の教育力をただ消費するだけの授業になってしまうのではないでしょうか。

私が校内Coとして携わった「草木クラフトづくり」の実践があります。

材料を選ぶ・つけるなどの作業を、子どもたちにゆだねていく地域講師のFさんの指導観、さらに子どもたちの発想に共感し一緒に作る教師の子ども観、のびのびと材に向かう子どもたちの姿から、教師、学校支援ボランティア（地域講師）、子どもたちが共につくる総合的な学習の時間となりました。校内Coの声がけにより、打ち合わせ前に教師間で指導観・子ども観を語り合い、それを言語化していく段階を大事にしました。その上で打ち合わせに臨んだため、Fさんの中にある子ども

①地域カリキュラムの構築 ②情報発信 ③接続 ④学校支援ボランティアとの事前協議 ⑤支援の言語化 ⑥授業への意識の共有 ⑦具体的な支援の伝達 ⑧課題の共有と次時への展望

表 15　校内 Co の役割におけるマネジメントの留意点

観・指導観と教師が目指していた子ども観・指導観がほぼ一致し、共有できたのです。それが、子どもありきの授業構想を一貫して進めていくことにつながりました。授業の目的、指導観など根本的問題について、共通の事象で考えや思いを共有することの重要性が認識した実践です。つまり、校内 Co が子どもの学びの視点から実践を見つめているのかどうかが重要な意味をもっています。

③学校支援ボランティアを授業に生かすには?「校内 Co のマネジメント」

具体的な実践のサポートをすることは校内 Co にとってとても重要なことです。ここまで紹介した実践などを通して、校内 Co の行動と配慮によって、学校支援ボランティア（地域講師）の支援の手立てが明確になってきました。このことから、学校と地域を結ぶ活動において、学校と地域の総合的な活性化を目指す重要な位置づけとして、学習活動における地域人材活用とそれを結ぶ校内 Co の役割に焦点を当て、実践事例の中で気づいた要因を取り出し、マネジメントの視点から分析整理をしました。校内 Co のマネジメントの資質・能力として八つの留意点が明確になりました（表15）。校内 Co が、この手順によりマネジメントすることで、授業者と学校支援ボランティア（地域講師）の支援を進めましょう。

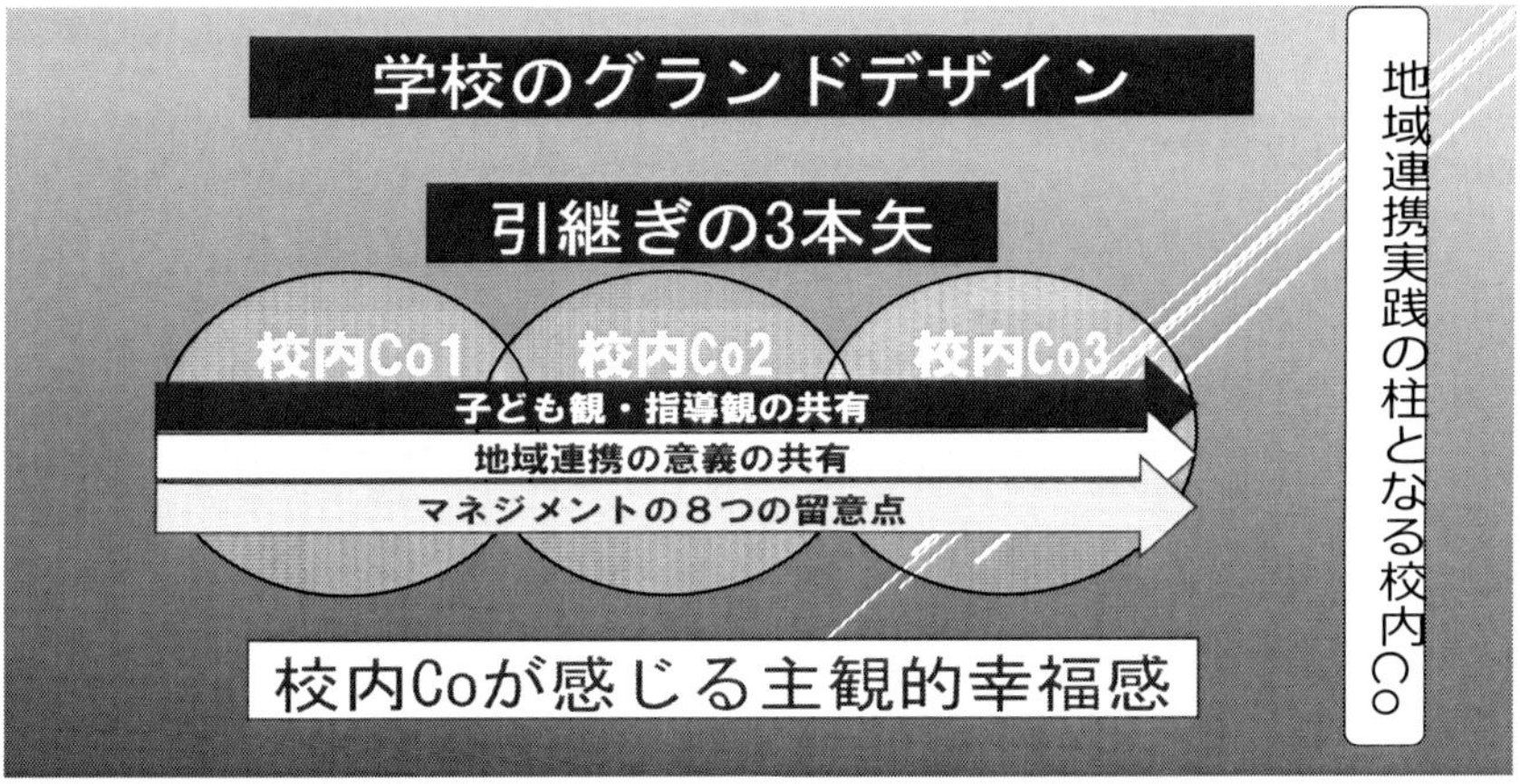

図10　持続可能にするための校内Coの引き継ぎモデル（引き継ぎの３本矢）

地域の方は、「私は地域の先生」という意気込みをもってきます。しかし、その思いが授業者の願いとずれていると子どもの学びとしては逆効果です。学校支援ボランティアと校内Coが、授業構想について語る打ち合わせを事前にもつのがよいでしょう。その際に、授業者の子ども観・指導観に関わる願いを伝え、学校支援ボランティアにどんなサポートをしてほしいのか大まかな内容を伝えましょう。学校支援ボランティアの思いもよく聞きましょう。

④やることが多くてやりきれない現状では？「重点化」

校内Co自身の、時間的制約という大きな課題があります。やることは多岐に渡る中で、何かを削らない限り、すべての実践について地域連携の意義に迫ってマネジメントすることは非常に難しいと考えられます。そこで、今年の重点となる地域連携実践を明確にして、まずひとつの実践から先生方と授業改革を目指すとよいでしょう。

⑤次の校内Coにどうやって引き継げばいいのか？「引き継ぎモデル」

持続可能にするための校内Coの引き継ぎモデル（引き継ぎの三本矢）に焦点を絞った引き継ぎを目指しましょう（図10）。

学校のグランドデザインをもとに、「誰のために　何のために」地域連携実践があるのかに焦点を当て、見直しの上に削減・改善し、必要に応じて新たな取組を付け加えてきた地域カリキュラムの背景の共有を図ります。つまり、実践上でのエピソードを通して、地域連携の意義に立ち戻らざるを得ないところで考えを更新してきた校内 Co 自身の在り方にも触れていきます。また、校内 Co が「校内 Co の役割における マネジメントの八つの留意点」により進めた実践を例に挙げながらマネジメントの様子を伝えることで校内 Co に引き継ぎを行います。

（文責：徳永吉彦・長野県飯山市立飯山小学校教諭）

4. 外国のコミュニティ・スクール　ニュージーランドの学校理事会（Board of Trustee）を中核とするコミュニティ・スクール

最後の節では、海外に目を向けてみましょう。

ニュージーランドでは、「教育委員会」を廃止し、学校経営のほとんどの権限を各学校に委譲している世界的にも例がない、いわば「究極のコミュニティ・スクール」を推進しています。地域コーディネーター的な役割を担うキーパーソンの役割と力量を信州大学・伏木久始先生に明らかにしてもらいましょう。

①教育委員会を全廃したニュージーランド型教育システム

ニュージーランドには教育委員会という地方教育行政を担う機関がありません。無いと言うよりも「無くなった」とする方が適切なので、その経緯を説明します。

英連邦の一員でもあるニュージーランドは、イギリスと同様に地方分権が学校教育にも強く反映されていましたが、一八七七年の教育法制定により、地方分権的な教育行政から教育省を中心とした中央集権体制に移行しました。その後、イギリスのサッチャー政権が教育改革法（一九八八）を成立させて、教育課程、予算、人事、施設など公立学校の経営に関するあらゆる意思決定の権限を学校運営理事会（School Governing Bodies）に集中させたことに連動して*、ニュージーランドでも翌一九八九年にTomorrow's Schoolというスローガンの教育法が成立し、公立の全初等・中等学校に設置されていた学校理事会（Board of Trustees）が、教育委員会に代わって各学校の教育経営や具体的な教育実践に関わる方針を決定することになりました。

ニュージーランドでは百年以上続いた教育委員会制度が全面的に廃止されたわけですが、その一番の理由は国家的な財政危機でした。国家としての教育予算の削減が求められたニュージーランドは、個々の教育現場に必要な基本予算を確保する一方で、教育省と学校の間に介在していた教育委員会組織そのものをなくすことで、

＊ニュージーランドの学校制度では、五歳から十五歳までの義務教育期間に小学校、小中一貫校（Full Primary School）、中学校（Intermediate）、小中高一貫校、中高一貫校など多様な選択肢があるが、十歳（六年生）までが小学生とされ、十三歳（九年生）以降が通う高校はsecondary schoolと称される場合が多い。高校では生徒代表がBOTに加わるのが一般的である。

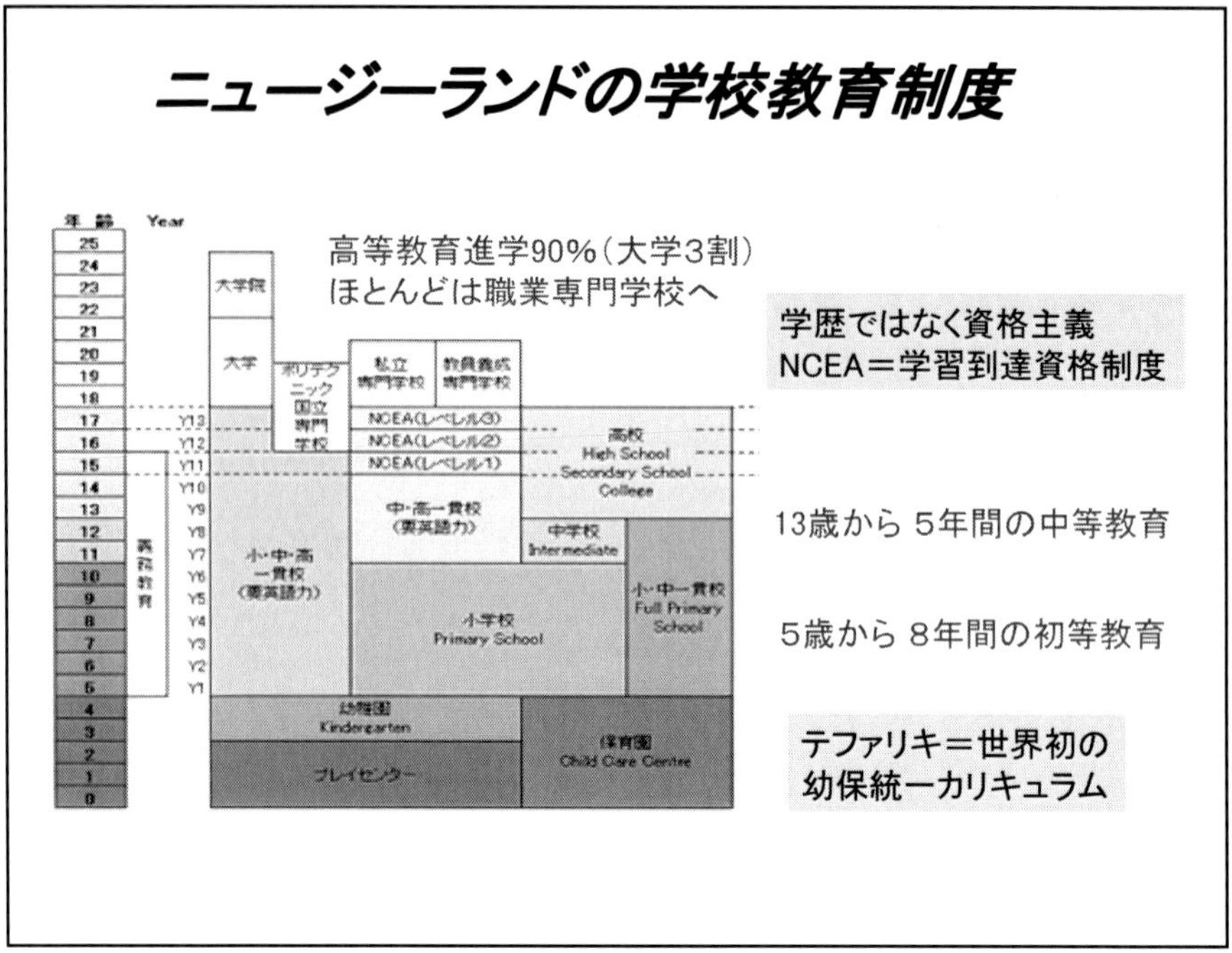

図 11　ニュージーランドの教育制度

人件費や施設費や諸々の諸経費を大幅にカットさせたのです。この大胆な改革は当然ながら賛同する者だけではなく、反発する者も少なくなかったわけですが、基本方針は「自律的学校経営」という路線にあったため、もともと管理的発想の教育を嫌い、自律的な教育を望む国民的風土がこの改革を後押ししたという面もあります。もともとニュージーランドでは、学校の様々な場面において保護者や地域住民による奉仕的活動が日常的に行われ、両者のパートナーシップが構築される素地があったという社会的特質があり、だからこそ奉仕的要素の強い学校理事会の活動も比較的受け入れられ易く、学校経営に対して効果的に機能するようになったとも考えられます。

結果的に、この改革は各学校の学校理事会の主体性・自律性を高めることに繋がり、教育行財政においては素人である保護者・地域住民を学校運営に参画させるしくみを育てたことになりました。さらに、こうした改革が教育の質向上につながったとする評価もあります。

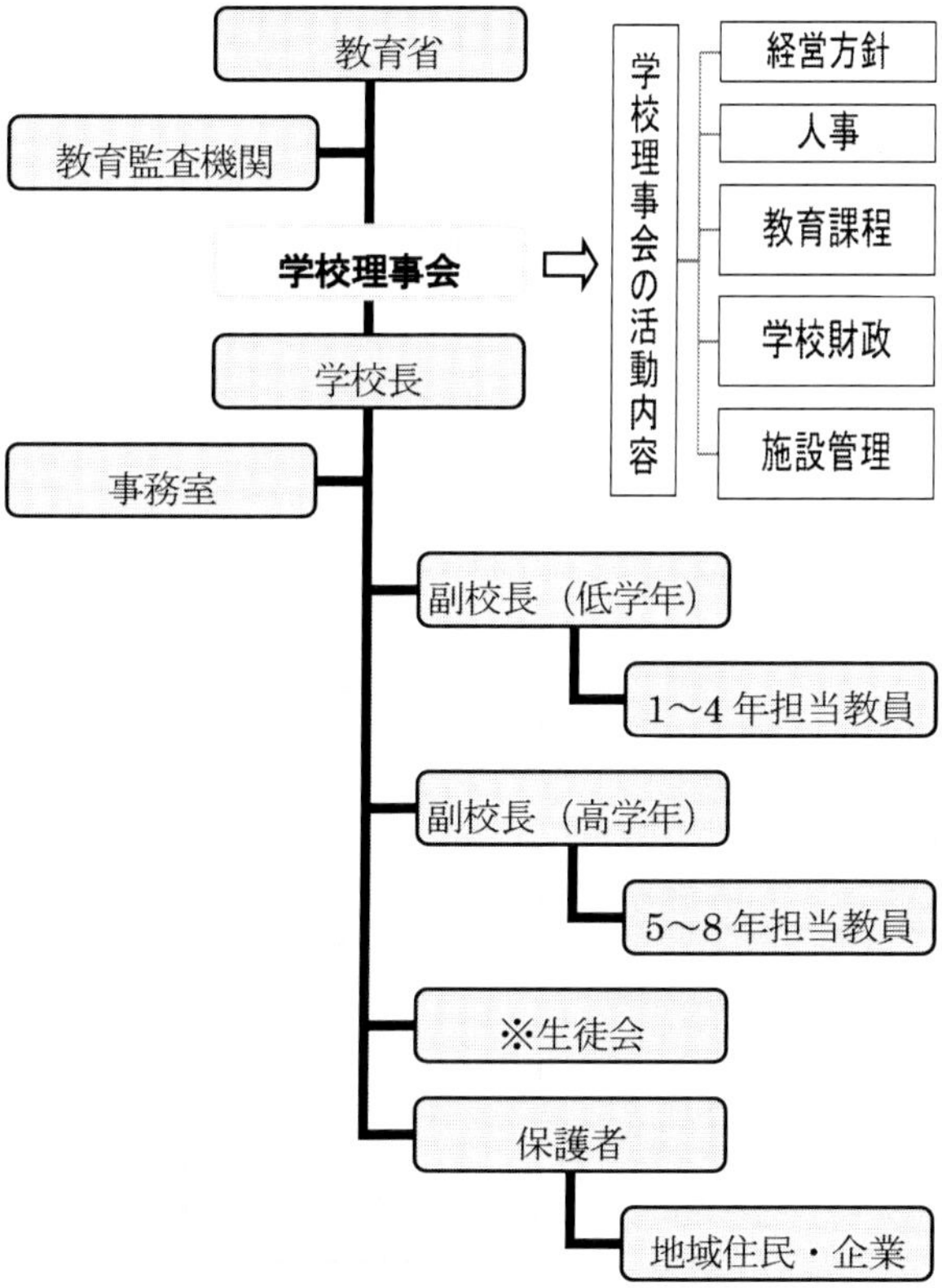

図 12　ニュージーランドの学校運営（Full Primary School の例）

②ニュージーランドの学校理事会の役割

学校理事会は、教育省が定めるガイドラインや諸規定に沿って学校の運営権をもつ主体となりました。その構成員は、学校長をはじめ、選挙で選ばれた保護者理事五名のほか、教師陣の中から選ばれた教職員理事一名の計七名を基本としていますが、さらに性別や民族・社会的階層などを考慮して公平な組織になるように四名までを追加することができます。その他、中等学校では、生徒の代表者を一名追加することができたり、私立学校では学校創立の関係者から二名を加えたりすることができます。

これら学校理事会のメンバーは三年ごとに選挙で選出されますが、保護者の中から選出される五名の中には、財務・経理の知識を有する人材や、組織運営および人事管理に関する能力をもつ人材のほか、教育課程や教材等の教育方法に関する知識に明るい人材が含まれることが期待されます。そのため、ニュージーランドの学校理事会のメンバーは、日本の一般的な学校におけるＰＴＡ役員とは異なり、通学する子どもの学年の代表者ではなく、学区域の代表者であり、その学校の保護者の意向を代表する代議委員としての性格を強く持っていると理解することが妥当です。つまり、ニュージーランドにおける学校理事会の役割は日本におけるコミュニティ・スクールの学校運営協議会に期待されている役割と重なる部分が多いのです。

ニュージーランドの学校理事会は、国（教育省）のガイドラインに沿って教育目

写真 13　広々した学校キャンパス

標から具体的な教育課程や教育環境の整備、人事案件および教員研修に至るまであらゆる教育計画を予算化し、チャーターと呼ばれる教育計画書にまとめて、定期的に提出する教育計画であるとともに、保護者・地域住民との一種の契約としても位置づけられます。さらに、学校理事会には学校経営の短期・長期計画（Strategic Plan）や年次報告書の作成、自己評価の実施も義務づけられています。Strategic Plan とは、校内教職員の意見をもとに校長が草案を作成し、学校理事会の全体会議にて審議・承認されるもので、学校経営全般にわたる取り組みがまとめられた文書です。目指すべき施策を羅列したものではなく、それぞれの具体策を詳しく示した上で、その年度の優先事項を明確にし、さらに施策ごとの実施期間や実施担当者を明記することになっています。

学校理事会には、その下部組織として委員が兼任する形で構成される小委員会があり、委員会ごとに月一～三回程度の会議が開かれるのが一般的です。それを踏まえて月一回の学校理事会の全体会議が開かれます。各学校理事会は、校長のリーダーシップをもとに編成された教育課程やそれに伴う予算案の審議や承認を行い、施設の管理・運営にかかわる問題や人事案件も処理しています。日本では基本的に教職員の採用人事は教育委員会が担い、人事異動も地域によっては校長会の意向が反映されることがあっても、教育委員会の責任において異動を命じることになりますが、ニュージーランドでは教育委員会制度が廃止されていますから、校長をはじめとする教職員の人事も学校理事会が担うことになります。そもそも、日本の公立学校では毎年実施されている定期的な人事異動制度は、諸外国ではあまり例がなく、企業に就職するのと同様に書類選考と面接などを通して学校ごとに随時採用されているのが通例です。ニュージーランドの場合、教員ライセンスと給与水準は国の基準で保証されますが、採用や異動（転勤）は自己責任ということになります。教職員を採用するのは学校理事会ですが、採用段階で一人一人と労働契約を結び、その契約通りに働いていない教職員は、雇用継続を打ち切られる場合もあるのです。

③学校自己評価と外部機関（ＥＲＯ）評価

ニュージーランドの場合、教育省は全国教育指針やナショナル・カリキュラムを策定してガイドラインを示し、各学校から提出されたチャーターに応じた教育予算を配分します。それ以降は、学校理事会を中心とする学校の自律的な取り組みを支援する立場におかれ、学校評価は自己点検評価と外部機関評価に託されます。

各学校の取り組み、すなわち学校理事会の学校運営の評価にあたるのは、教育省から独立した教育評価機構である教育監査機関（Education review office：以後「ＥＲＯ」）です。通常は三年ごとに各学校の査察評価に入り、評価結果が良好の場合は次の点検評価の時期が四年以上先送りされますが、反対に好ましくない評価結果

写真14　ユニークなオブジェでくつろぐ子どもたち

の場合は三年以内に再チェックの査察が入り、改善すべき点として指摘された項目を中心に、あらためて査察評価を受けることになっています。こうした評価結果は広く公開されるため、それが入学希望者の増減を左右したり、その学区エリアの地域イメージにも影響を与えたりするため、学校理事会のメンバーには、こうした査察評価に対応できる有識者が選出されることが多いのです。

ＥＲＯには約一二〇名の調査官が一〇箇所の地方事務所に配属されています。その調査官が、担当地域の学校を訪問して評価報告書を作成します。その大まかな手順は次の通りです。ア、学校に対して二、三ヶ月以内のＥＲＯによる調査実施を通告。必要資料を事前にＥＲＯに送付するよう指示。イ、数名の調査官で構成される調査チームが事前資料を分析。ウ、調査チームによる一週間程度の学校訪問と情報収集。エ、訪問調査後に調査チームから学校理事会に対し調査プロセスの概要報告。オ、訪問調査後三週間以内に学校理事会に対し報告書の作成・送付。事実誤認等の反論は一五日以内にＥＲＯが受理。カ、修正済みの最終報告書を学校理事会に送付。キ、重大な問題が指摘された場合、六ヶ月後に再調査（改善がみられない場合は学校理事会の解雇もありうる）。

ＥＲＯによる評価は、ａ．学校の教育活動が法律、全国教育指針、ナショナル・カリキュラム及びチャーターに合致しているか、b．学校理事会による効果的な学校経営が行われているか、c．生徒に対して効果的な教育活動を提供しているか、という三つの観点から行われます。あくまでも学校理事会が提出したチャーターに即した妥当な学校運営がなされているかどうかを審査するものであって、教育内容に踏み込んで特定の理念・思想を規制するような統制的チェックではありません。むしろ、学校運営に苦しんでいる地域の学校に対して、適切な情報提供をしたり、問題解決の方向性を助言したりする場合もあり、学ぶ主役としての子どもたちに不利益が及ばないようなチェックをしていると理解するのが妥当です。近年ではＥＲＯに求められていることが、実績の査察・評価という役割から自律的な学校運営への支援という役割へと力点が移っています。

④自前で資金を調達するという発想

ニュージーランドが教育委員会を全廃した最大の理由は、国家財政の危機的状況に対処するためでした。周知の通り、日本の国家財政もかなりの危険水域に到達しており、財政再建は最優先課題であったはずです。超高齢社会に突入している現状からすれば、社会保障費が減らせないことは仕方ないとしても、歳入の半分以上を国債（借金）で補っているにもかかわらず、国家予算を百兆円という莫大な額に増大させて次世代に借金を残し続ける政治が続けば、やがて歳出を大幅に削らざるを得なくなります。教育分野でも財政の見直しがはかられ、自由化ないし規制緩和という名目で公的予算が縮減されるのも、そう遠い話ではないように思います。また、そうした将来予測とは別次元で、地方の人口減少地域では、既に予算不足が深刻化しており、子どもたちが学校で学ぶ教育環境において都市部との格差が懸念されます。

今後、学校運営予算の一部を各学校の自主財源により自由に使えるような裁量権が現在よりも広範囲に各学校に認められた場合、自前で資金調達（Fundraising）に努力するニュージーランドの学校理事会の取り組みが大いに参考になると思います。日本のＰＴＡ活動においても、資源回収やバザーの企画で得られた資金を学校運営に充てる取り組みは伝統的に行われていますが、子どもたちを参画させ、重要な教育活動として積極的に資金調達を位置づけるというものではないと思います。ニュージーランドの公立学校における資金調達の取り組みは、学校予算の不足を補う活動という枠組みで捉えるよりも、子どもたちが地域社会へのアクセスを通してコミュニティをリアルに理解する実践という理解の仕方が妥当だと思います。これは結果的にキャリア教育の実践としても機能しているのです。

⑤学校理事会制度の課題

地域住民が参画する自律的な学校運営を重視しているニュージーランドの学校

写真 15　思い思いに休み時間を過ごす

理事会制度は、コミニュティ・スクールとしての先進事例として、その成果から多くのことを学びとることができる一方で、少なからず課題が指摘されています。特に以下の三点は重要です。

第一に、学校理事会と校長のパートナーシップの問題ですが、両者が互いの役割を理解し、友好的信頼関係を築けるかどうかで、チャーター実行の成否が決まるという意見もあります。

第二に、校長の多忙化の問題です。学校理事会制度の導入により以前よりもかなり多忙になったとほとんどの学校の校長が負担増を指摘しています。その主な原因は、報告書作成等のペーパーワークが非常に多くなったことだということです。

第三に、研修を含めた学校理事会に対する支援体制の整備・確立の問題です。学校理事会が学校経営に対して重要な責務を担う分、各委員に対してはそれに対応するだけの意欲と専門的力量が求められますが、専門知識等の提供や理事会メンバーの研修を含めた支援体制の充実は、自律的学校経営を維持する上で、重要な課題といえるでしょう。

⑥ニュージーランド型学校理事会から学べること

ニュージーランドでは、地方教育行政を担う教育委員会が全廃されたことで、教育省（国）が規定する大枠の教育指針に即して、学校ごとに設置される学校理事会が学校運営の主体となっています。こうした体制は、世界の中でも特殊なシステムであると言えますが、こうした事例はわが国のコミュニティ・スクールを推進していく上で、きわめて大きな示唆を与えてくれるものと考えられます。

例えば、学校運営上の様々な規定・権限・教育活動における裁量権などを国や自治体の教育行政部署の管轄から各学校に部分的に移した場合、各学校は自ら何を考えて何を決めなくてはならないのか、教育課程を自主的に編成するということが本来どのようなことなのか、限られた教育予算を学校が自由に執行できるとすれば何を優先してどのような配分で予算を生かすのか、あるいは教育実践の取り組みの成果をどのように評価して、さらにその結果をどのように保護者・地域住民に公開するのかなど、学校運営に関する諸案件をリアルに理解することができるのです。地域の中にある学校を様々な側面から捉え直し、広い視野から学区域に住む住民の一人として、学校運営に参画するということの先進的モデルとして参考にできるように思います。

これまでは、ややもすると誰かがやってくれればいいと人任せになりがちだったり、教育委員会等の指示に対して無頓着な批判をしがちだったりするのが一般的なＰＴＡの意識だったかも知れません。しかし、コミュニティ・スクールは人任せにして他者批判をする次元を超えて、自分たちが学校運営に参画するという当事者意識を持つことが期待されています。また、ニュージーランドの学校理事会は、学校運営には素人である保護者代表もメンバーとなって構成される機関であるため、各学校理事会への何らかの専門的サポートは欠かせません。具体的には、教育省が中心となって複数のサポート機関のネットワークにより「学校サポートプロジェクト」が作られていたり、全国の教員養成カレッジにサポートセンターが設置されていたりしますが、民間コンサルタントが学校へのサポートを行っている場合もあります。

近年、文科省をはじめ地方自治体の教育委員会も、コミュニティ・スクールへの移行を積極的に推奨するようになり、地域とともに学校づくりを進めていく現場が増えつつあることは望ましいと思います。しかし、学校運営協議会等の組織のつくり方や役割の位置づけ方を工夫しなければ、コミュニティ・スクールは形骸化し、特定の教職員に過剰な負担が増えるだけになることも警戒しておかなければなりません。ニュージーランドの学校理事会システムを日本にそのまま導入することは困難ですが、その取り組みをヒントにしてそれぞれの地域に合ったコミュニティ・スクールの運営組織をデザインすることを勧めたいと思います。

（文責：伏木久始・信州大学教職大学院教授）

エピローグに代えて
コミュニティ・スクールから育つ社会性の広がり

長野県大町市教育長　荒井今朝一

長野県は、かつては全国屈指の「教育県」といわれてきました。その背景にあったのは、江戸時代の寺子屋の普及と明治以後の子弟の教育にかける地域住民の熱意でした。地域は、学校の整備のためには経費を惜しまず、教員は、求められればどんな山間地にも赴き子どもたちの指導に情熱を傾けました。地域社会で数少ない知識人であった教員は住民の尊敬を集め、地域の「よき相談役」でもありました。こうした伝統は、長い間「信州教育」として引き継がれてきましたが、知識や情報の普及と核家族化・高学歴社会の到来など社会の進歩と共に次第に形骸化し、閉鎖性を持つようになり、保護者を除く地域社会から少しずつ乖離してきた点は否めません。

また、山間地や小規模校が多い長野県にあっては、将来を託す子どもたちの成長は住民にとって希望の的であり、学校は地域社会の心のよりどころでもありますが、地域から子どもたちが減少し、情報化や広域化の進展ともあいまって、かつては自然発生的に仲間を作り、創意工夫しながら戸外で遊び、交流することで育まれてきた社会性や共同性・連帯性の獲得は、最早、満足にはできえない時代を迎えております。

こうした社会状況に対応した教育施策の一つが、小中学校のコミュニティ・スクール化だと思います。教育行政を全面的に担うべき教育委員会には、「主体的で対話的な深い学びを通じ、不透明な時代をたくましく協働し、生き抜いていく力の育成」が求められておりますが、学校内のみでの指導ではその実現は困難であり、文字通り広く社会全体の協働による「開かれた学校づくり」が不可欠な時代をむかえました。

本書でも指摘されているとおり、コミュニティ・スクール化を進めるにあたり、教育委員会が果たす役割は、大枠としての仕組みづくりや学校運営協議会の意見を十分に尊重する姿勢に留めるなど抑制的であることが、意欲的な活動を生み出し、好結果につながるように思います。学校運営協議会は、地域以外からの参画も求め、できるだけ広範な住民をもって構成し、様々な意見が寄せられることが大切です。とりわけ多くの小中学校や義務教育学校を管理する市町村にあっては、教育委員会が地域住民の率直な意見や提案を聞く機会は、あまり多くはありません。代わって身近な学校運営協議会が、地域の意向や要望を踏まえ、学校運営について積極的に発言し、提言できる場とすることが、全体の意欲や活力の向上に直結します。

学校運営協議会と並んでコミュニティ・スクール化を進める上で重要な役割を果たすのが、コーディネーターです。コーディネーターは、あらゆる場面で学校と地域、ボランティアなど関係者間の調整役であり媒介者です。生涯学習の視点からは、公民館や社会教育機関との連携も不可欠であり、教育に造詣が深く、地域の実情に精通し、学校にも自由に出入りして教職員とも常に気軽に意思疎通が図れる適切な人材を学校運営協議会の意向を踏まえて選任することが肝要です。

また、教職員の意識改革も重要です。長年の経験から「学校のことは教職員と保護者が決めるべき。」とする傾向が校内には今も根強く残っています。このため教育委員会は、支援ボランティアの導入や住民の支援が教職員の多忙化改善にもつながることを動機付け、校長とは絶えず情報交換を行いながら広範な学校評価に取り組むなど開かれた学校づくりを積極的に進め、コミュニティ・スクールとしての伝統が校内にしっかりと根付くように努めます。校長の理解が不十分だと教職員の行動も受動的なものとなり、活動や士気の低下にもつながります。一方で教職員とは、行事や授業参観・支援などを通じて自然な形での意見交換や交流に努め、できるだけ聞き役に回りながら、主体的で前向きな意見が寄せられるような雰囲気の醸成に努めます。

当市は、コミュニティ・スクールに取り組んでからわずか6年ほどで十分な経験もなく、やや僭越なことを申し述べましたが、コミュニティ・スクールがもたらす効果は、大きくは2つあるように思います。一点目は、少子化社会の中で、子どもたちが地域社会と触れ合い、校内だけでは学べない多くの体験やキャリアを積むことで幼少期から広範な社会性を身につけることです。このことは同時に、豊かな郷土愛の育成にもつながります。二点目は、地域住民の学校に寄せる期待と支援や協力です。日頃は地域社会との交流の少ない小中学校が名実ともに身近な存在となり、子どもたちの教育の場がそのまま住民全体の「生涯学習の場」へと変貌していきます。

それはまた時代の要請に応えた新たな教育のスタートです。本書で紹介されている美麻小中学校は、小規模な山間地校ではありますが、山村留学生や通学区を超えた多様な児童・生徒を受け入れており、協働の学びを基本に、海外交流や独自の健康づくりに取り組むなど小学校課程から中学校まで一貫した義務教育学校としての特色を発揮しながらユニークな指導を進めるコミュニティ・スクールとして、今、一歩ずつ確かな歩みを始めています。

引用・参考文献

青木一（二〇〇〇）「中学校における総合的な学習の時間のカリキュラム開発に関する基礎研究」『千葉大学大学院修士論文抄録』
青木一（二〇一九）「地域とともにある学校づくりとしてのコミュニティ・スクール設置理由の諸相」井上孝夫編『環境社会学研究第26集』千葉大学教育学部社会学研究室
石山脩平（一九四九）『地域社会学校』金子書房
増田寛也（二〇一五）『地方消滅』中公新書
可合雅司（二〇一八）『未来の年表』講談社現代新書
貝ノ瀬滋（二〇一七）『図説コミュニティ・スクール入門』一藝社
貝ノ瀬滋（二〇一〇）『あなたの学校もできる！小中一貫コミュニティ・スクール』ポプラ社
鯨岡峻（二〇一六）『エピソード記述入門』東京大学出版会エディタス
岸裕司（二〇〇三）『地域暮らし宣言』太郎次郎社
岸裕司（二〇〇八）『学校開放でまち育て』学芸出版社
木村泰子（二〇一八）「みんなに伝えたいことば」『月刊教職研修』五月号
佐藤晴雄（二〇一六）『コミュニティ・スクール』エイデル研究所
佐藤晴雄（二〇一七）『コミュニティ・スクールの成果と展望』ミネルヴァ書房
千葉市教育センター（二〇一一）「読本　達人に学ぶ授業力」宮坂印刷
露口健司（二〇一七）「学校におけるソーシャル・キャピタルと主観的幸福感」『愛媛大学教育学部紀要第64巻』
苫野一徳（二〇一七）「人は不安よりエロスで動く」『月刊教職研修』二月号

習志野市立秋津小学校（二〇〇六）『今、学校がおもしろい！コミュニティ・スクール　―秋津のきずな―』モリモト印刷
文部科学省（二〇一七）「コミュニティ・スクール 2017 地域とともにある学校づくりを目指して」文部科学省パンフレット
文部科学省（二〇一七）「社会教育法の改正及び地域学校協働活動の推進に向けたガイドラインについて」
文部科学省（二〇一八）「地域学校協働活動ハンドブック」
文部科学省（二〇一八）「全国学力状況調査質問紙調査小中版」

編著一覧

≪編集≫

青木　一	（信州大学准教授）	
前川　浩一	（大町市立美麻小中学校地域学校協働コーディネーター）	

≪執筆者一覧≫［執筆順］

青木　一	（前掲）	プロローグ 第一章、第二章、第三章 DVD ワークショップ作成
勝山　優子	（飯山市立常盤小学校教諭）	第一章 pp15-16
塩原　雅由	（大町市教育委員会学校教育課指導主事）	コラム１
前川　浩一	（前掲）	第三章、第四章 動画作成・編集
髙野　毅	（前大町市立美麻小中学校長）	コラム２
清水　貴夫	（須坂市立旭ヶ丘小学校教諭）	コラム３
長尾　彰	（山口市地域連携教育アドバイザー）	第五章－１
山本　礼二	（目白大学教授）	第五章－２
徳永　吉彦	（飯山市立飯山小学校教諭）	第五章－３
伏木　久始	（信州大学教授）	第五章－４
荒井今朝一	（大町市教育長）	エピローグ

≪イラスト担当≫

小菅　美悠　（信州大学教育学部４年）

読者様へ

本書の動画が観られます！
コミュニティ・スクールを持続可能にする
地域コーディネーター研修ワークショップ編

この動画は、本書を基に、実際の地域コーディネーター養成のための研修会において、どのように進めたらよいかを明らかにする補助資料として制作したものです。地域コーディネーターになられた方が、地域のボランティアの皆さんとどのようにコミュニティ・スクールを進めていけばいいか、基本的な内容に絞って編集してありますので、地域での研修会などで、本書と共にご活用ください。

https://www.youtube.com/watch?v=HPb4vBWFmvo

【本　編】（28分）

Chapter 1：「コミュニティ・スクール」とは？

■学校運営協議会制度■3つの機能■共通点

Chapter 2：「地域コーディネーター」として

■地域コーディネーターにふさわしい人の要件■6つのTion■ファシリテーターとしての具体的な視点

Chapter 3：「コーディネーター研修」

■地域コーディネーターのファシリテーション研修■アイスブレイク■運営協議会での熟議への環境づくり■学校や子どもたちの授業を支援することについて考える■授業支援のアイデアを考える■ファシリテーション的なグループワーク

Chapter 4：まとめ

■地域と学校がWINWINの関係■ブレッケやレッジョ・エミリアのスクール・コミュニティ■「支援から協働へ」一歩進んだ新たな視点

企画・制作・発行：信州大学教育学部　青木一研究室
〒380-8544　長野県長野市西長野6のロ　Tel＆Fax　026-238-4212
Mail　aokih@shinshu-u.ac.jp　hajime40@nifty.com
協力：長野県教育委員会北信教育事務所
前川浩一（長野県大町市立美麻小中学校学校支援コーディネーター）
勝山優子（長野県飯山市立飯山小学校）

著者紹介

青木　一（あおき　はじめ）

信州大学学術研究院教育学系准教授
専門:学校経営学　千葉市の小・中学校にて教論として勤務の後、教育センター主任指導主事、中学校校長などを経て、現職
主な著書に「読本　達人に学ぶ学級経営力」(宮坂印刷)「グローバル時代の学校教育」(三恵社)「教務主任ミドルマネジメント研修」(教育開発研究所)「教育の今とこれからを読み解く57の視点」教育出版、その他、著書・論文多数

前川　浩一（まえかわ　こういち）

長野県大町市立美麻小中学校地域学校協働コーディネーター、H5年に大阪府から移住し、平成の市町村合併をきっかけに地域づくりの活動を始める。住民自治組織美麻地域づくり会議現会長
職歴は、スーパーマーケット社員、塾講師、温泉旅館調理師などを経て、民宿と飲食店を自営。大町市の定住促進アドバイザーも務めており、広範囲な経験と抱負な人脈をいかして、地域学校協働コーディネーターとして活動、長野県信州型コミュニティ・スクールアドバイザー、令和2年度より文科省CSマイスター

コミュニティ・スクールを持続可能にする
地域コーディネーターのキックオフ
子どもを育てるまちづくり・子どもから学ぶまちづくり

2019年 4月25日　初版発行
2022年12月 2日　第四刷発行

著者　青木　一
　　　前川　浩一

発行所　株式会社　三恵社
〒462-0056 愛知県名古屋市北区中丸町2-24-1
TEL 052 (915) 5211
FAX 052 (915) 5019
URL http://www.sankeisha.com

乱丁・落丁の場合はお取替えいたします。

ISBN978-4-86693-009-1